COFFEE ESSENCE

커피에센스

아버지 박상홍과 이슬커피

박영희 지음

| 책머리에 |

나만의 커피를 위하여

제자들과 커피드립 수업을 하다보면 종종 선생님만 따라 하면 된다고 생각하며 무조건 세심히 따라 하려고만 하는 학생들을 보게 됩니다. 이런 제자들에게 해주는 말이 있습니다. 모든 답은 교과서에 있다. 기본을 충실히 이해하고 열심히 연습을 하다 보면 본인도 모르는 사이에 "나만의 커피(My Coffee)"가 완성되어 있을 거다.

저는 아버지(고 박상홍 장인)를 모시고 있을 때 커피 수업 보조 역할을 맡았었습니다. 아버지같이 하고 싶어서 따라 해보았지만 드립은 생각처럼 쉽지 않았습니다. 도구 탓을 하여 시판하는 드립포트를 모두 구입하여 다시 해보았지만 별다른 도움이 되지 못했습니다.
실망과 절망을 거듭하다 재능이 없다고 포기하려던 참에 다시한번 초심에서 생각해보게 되었고, 그 순간 무슨 계시처럼 문득 깨닫게 된 사실이 있었습니다. 아버지께서 그토록 강조하며 가르쳐주셨던 기본 원리보다 현란한 테크닉을 쫓아가고 있는 나 자신의 부끄러운 모습이었습니다.
아버지의 가르침대로 기본을 되뇌이며 하나하나 다시 시작하니 새로운 희망이 보였습니다. 그 기쁨과 환희란... 지금도 생생합니다. 아버지 제자 중 커피를 잘 내리는 장 여사에게 물

어도 대답은 마찬가지였습니다. "박 선생님이 가르쳐 주신 대로만 하면 돼요."
아버지께서 항상 하시던 말씀은 다음 네 가지입니다.

첫째, 각 드리퍼의 구조와 특성에 대한 이해가 전제되어야 한다. 구조에는 분명한 의도와 이유가 있고, 그 개성과 특성에 따라 결과도 달라지기 때문이다.
둘째, 물줄기를 잘 선택하여야 한다. 커피의 특성이나 로스팅 정도에 따라 물길은 약간씩 달라져야 하며, 물길을 따라 물을 살포시 얹듯이 드립을 해야 제맛을 낼 수 있다. 이를 위해서는 힘부터 빼야 한다.
셋째, 배전도에 따라 물의 온도를 맞추되, 3분(2~3인용 기준) 이내로 드립을 끝내야 한다.
넷째, 일반 드립의 경우 배전도에 따라 분쇄도(굵은·중간·가는 분쇄)를 달리하되 더욱 깔끔하고 정갈한 맛이 커피를 위해서는 가는 분쇄도로 균일하게 드립해야 한다.

이 네 가지 조건은 지금도 그대로 지켜가고 있는 기본이자 신념입니다. 이를 바탕으로 연습을 거듭하고 공부를 계속하다 다다르게 된 결과가 바로 '이슬커피'입니다. 결국 이슬커피는 아버지의 세 가지 가르침을 바탕으로 마지막 네 번째 단계에서 나만의 방식을 발견하고 체계화한 My Coffee라고 할 수 있습니다.

문득 아버지께 물어보고 싶어집니다. My Coffee에 대해 어떻게 생각하시느냐. 몇 점을 주시겠냐... 하지만 지금은 그럴 수도, 맛을 보여드릴 수도 없습니다. 생각할수록 그리움이 더해지고 가슴만 먹먹해집니다.

지금부터 이 책을 통해 풀어내고자 하는 이야기는 이런 그리움에 다름 아닙니다. 이를 통해 주변의 모든 지인들과 함께 살아생전에는 차마 다 하지 못했던 이야기, 아버지께서 그토록 갈망하셨던 절정의 커피(이슬커피)에 관한 이야기들을 쉽게 풀어내려 합니다.

그래서 아버지에 대한 미안함을 얼마만이라도 덜 수 있고, 그 고마움을 가름할 수 있으면 좋겠습니다. 나아가 반평생을 함께 한 아버지의 커피인생이 이슬커피를 통해 조금은 더 향기롭게 기억되고 의미롭게 기록된다면 더 바랄 나위가 없겠습니다.

2023년 봄 백영희

Contents

책머리에

프롤로그   커피향으로 남은 커피장인   02
        이별의 부산정거장   13
        커피는 정답이 없다면서요?   15
        주전자가 좋아서 그런 거지   16
        아직도 쓴맛을 내냐?   17
        거 참 두리뭉실하네   20
        좀 더 낮춰! 더, 더…   22
        어떨 땐 신들린 사람 같아   24
        시간이 얼매 웂다, 내 쫌 보자   26
        일단 독학을 해보라   28
        야야, 커피값 내고 와라!   30

Chapter1   이슬커피의 개념과 조건
        이슬커피를 위한 기본 상식   34
        이슬커피의 개념과 원리   48

Chapter2   이슬커피 드립의 실제
        이슬커피 드립 준비   56
        이슬커피 드립 자세   68
        이슬커피 드립 방식   70

Chapter3   이슬커피 드립의 적용

칼리타 드립	76
고노 드립	85
웨이브 드립	98
하리오 드립	102
해바라기 드립	112
오리가미 드립	115
융드립	120
점드립	129

Chapter4   커피와 먹거리

커피와 어울리는 식사	134
커피로 각종 디저트 만들기	135
더치커피(콜드브루) 만들기	138

부록   커피와 먹거리

질문과 답변	142
추천카페(한국편)	152
추천카페(일본편)	160
조이아카데미 이야기(제자들의 편지)	178
추천사	194

프롤로그

커피향으로 남은 커피장인
아버지 박상홍을 기리며

이별의 부산정거장

커피는 정답이 없다면서요?

주전자가 좋아서 그런 거지

아직도 쓴맛을 내냐?

거 참 두리뭉실하네

좀 더 낮춰! 더, 더...

어떨 땐 신들린 사람 같아

시간이 얼매 읍다, 내 쫌 보자

일단 독학을 해보라

야야, 커피값 내고 와라!

| 프롤로그 |

커피향으로 남은 커피장인 ☕

아버지 박상홍을 기리며

여기서 '아버지'라 함은 우리나라 핸드드립 커피의 원조격인 서정달, 박원준, 박상홍(이상 작고), 박이추(현 강릉 보헤미안 대표) 등 이른바 '1서3박'의 한 분이자 필자의 아버지인 박상홍 커피장인을 가리킵니다. 편의상 이 다음부터는 그냥 아버지라 부르려 합니다.

살아생전 아버지가 항상 저에게 귀가 따갑도록 말씀하셨습니다.

"나를 따라 하고 흉내만 내서는 절대로 절정의 맛을 낼 수 없다."

"너만의 커피, My Coffee를 만들어야 한다."

"My Coffee에 다달아야 나를 넘을 수 있다."

아버지는 늘 커피 추출에 대해 고민하셨고, 묵묵히 외길만을 걸어오신 분입니다. 커피의 모든 좋은 맛을 추출로 해결할 수 있다는 고집과 신념의 소유자이기도 했습니다.

어느새 저도 그 고집을 닮아가고 있습니다. 잘 알려져 있다시피 아버지는 사이폰으로 시작하여 고노와 하리오를 모두 섭렵하신 분입니다. 드립의 대가로 알려졌고, 무지개맛을 내시는 마법의 손이라 일컬어졌던 분이기도 합니다. 저는 아버지의 딸이자 후계자였습니다. 그러면서 자연스럽게 아버지 삶과 커피를 보고 따라 하면서 배웠고, 그 명성과 명예에 걸맞는 'My Coffee'를 찾고자 애썼습니다. 그것은 일종의 숙제였습니다. 머리와 가슴 속 깊이 자리 잡은 의무였고 화두였습니다. 가슴 설레는 일이었지만 동시에 무겁고 버거운 짐이기도 했습니다.

제 'My Coffee'는 어느 날 우연한 사건을 계기로 탄생하게 되었습니다. 분쇄기를 새로 들여와 분쇄를 했는데, 분쇄도 조정이 안 된 상태여서 보통 때보다 가는 분쇄가 되어버렸습니다. 고민 끝에 강배전 커피를 약간 가늘게 분쇄된 상태로 내려 보았습니다. 별다른 기대를 하지 않았는데 놀라운 일이 벌어졌습니다. 가는 분쇄도의 강배전 추출에서 단맛과 함께 부드러운 감칠맛이 훨씬 더 강조된다는 사실을 깨닫게 된 것입니다.
저는 이것이 아버지가 말씀하신 My Coffee의 경지라는 결론을 내렸습니다. 개성과 특성을 요구하는 요즈음의 추세에도 맞는 커피라는 해석도 내렸습니다. 여러 가지 연구와 실험을 계속했고, 그 결과물로서 My Coffee를 완성하게 되었습니다.

무더운 여름날 쏟은 땀과 노력은 '실패는 성공의 어머니'라는 교훈을 되새기게 해주었습니다. 실패의 원인을 곰곰이 분석하고 하나하나 해결하면서 끝까지 포기하지 않고 골몰하다 보니 하나의 실망에서부터 여러 가지의 해답을 얻을 수 있었습니다. 시행착오도 적지 않았지만, 그런 애씀과 공들임의 과정이 없었다면 My Coffee는 빛을 보지 못했을 것입니다.

어느새 저도 나이를 먹었고, 아버지의 고집을 닮아가고 있습니다. 이제는 두렵지도 무겁지도 않습니다. 오히려 아버지로부터 물려받고 이어받은 커피의 진수를 더욱 절절하게 되새기고 깨닫게 됩니다. 그 깨달음을 바탕으로 완성한 My Coffee(이슬커피)를 알리고 나누는 설레임과 즐거움이 점점 더 커지고 있습니다.

아버지 덕분입니다. 감사하는 마음으로, 그 삶을 기억하고 뜻을 기리는 마음으로 아버지와 관련한 몇 가지 에피소드를 소개합니다.

이별의 부산정거장

살면서 신기하게도 아버지 생각이 간절히 날 때는 기쁜 날들이 아닌, 마음고생이 심할 때입니다. 아버지의 힘들었던 때가 우연히 떠올라 마음의 위로를 받고 다시 일어서곤 합니다. 생전엔 아버지라는 큰 울타리로 보호받고 기대고 싶어 무엇이든지 바라는 마음으로, 또 아버지를 향해 기대고픈 심정으로 실망도 하고 원망도 하고 미워도 했었습니다. 하지만 아버지가 계시지 않는 지금에야 아버지가 아닌 한 남자의 인생을 보게 됩니다.
아마도 막연한 생전에 곰살맞게 굴지 못한 탓일 겁니다. 그 미안함과 그리움이 더 크게 다가오는 요즈음입니다.

저는 유년기를 조부모님과 함께 보냈습니다. 모든 살림을 할머니가 하셨습니다. 아버지는 6.25전쟁 중에 일본 유학생 신분이었습니다. 전쟁이 끝나고 귀국했지만, 군 미필자로 분류되어 아무 곳에도 취업을 할 수가 없었습니다. 자영업을 하다가 실패를 계속하게 되었고, 모든 살림과 생활을 조부모님이 도맡아 하셨습니다.
미필이 면제로 회복되면서 아버지는 할아버지의 도움으로 외항선을 타게 되었습니다. 드디어 아버지에게도 가족들을 먹여살릴 수 있는 직업이 생긴 겁니다. 배에서 조기장으로 일하면서 세계 곳곳을 돌아다니셨어요. 아마도 아버지가 당신의 인생에서 자유를 만끽하셨던 시기가 아닐까 합니다. 하지만 그 덕에 잃어버린 것들도 있었죠. 배의 엔진 소리가 너무 커서 청력에 문제가 생겼고, 성질도 좀 더 급하게 바뀌었습니다.
할아버지 때까지만 해도 꽤 부유한 집안이었습니다. 하지만 많은 자식들과 몇 번에 걸친

사업 실패로 집안의 경제 사정이 좋지 않게 되었고, 결국 조부모님은 사업에 성공해서 서울에서 잘 살고 있었던 둘째 아들의 집으로 옮겨가시게 됐어요. 그 바람에 자의 반 타의 반으로 우리 식구도 분가를 하게 되었습니다.

아마도 할머니는 아이들을 물가에 세워 두고 떠나는 마음으로 떠나셨을 것입니다. 아버지는 생전 처음으로 본인의 가정을 꾸려야 했고, 7명이나 되는 가족을 책임져야 했습니다. 준비되지 않은 가장의 부담은 말로 표현할 수 없이 무겁고 힘들었을 겁니다.

12살 즈음의 일이었던 것 같습니다. 분가하던 날에는 여름비가 주룩주룩 내렸습니다. 바지를 걷어입은 아버지는 비가 내리는 부산역에서 할머니와 부둥켜안고 우셨습니다. 마치 한 장의 빛바랜 흑백사진처럼, 이별의 무게를 토해내는 듯한 그 슬픈 통곡 장면이 지금도 생생하게 남아있습니다. 아버지 평생에서 그때가 제일 힘든 순간이 아니었나 생각하게 됩니다. 그 후로는 그렇게 우시는 모습을 본 적이 없습니다.

그 광경을 보면서, 무슨 영문인지도 잘 모르면서 어른들이 우시니 따라 울었던 기억이 납니다. 가슴 한편에 묻어 두었던 그 슬픈 기억을 뒤늦게 떠올리는 것은 아마도 그리움과 미안함 탓일 겁니다. 아버지는 늘 강하고 당당하게 살아온 분이지만, 속은 여리고 섬세하고 다감한 분이었습니다. 커피처럼…

세월이 지나면 슬픈 기억도 위로가 되곤 합니다. 엄하고 답답하다 여기고 거북해했던 아버지라는 존재에 대해 비로소 한 남자로서 바라보고 이해하는 눈도 열리게 됩니다.

싱크대 구석의 라디오에서 '이별의 부산정거장'이 흘러나옵니다. 나도 모르게 빙그레 웃다가 그만 눈물이 핑하고 돕니다. 철없던 시절 미안한 마음을 전할 길이 없어 오늘도 조용히 커피 한 잔에 정성을 담아 아버지께 올려봅니다. 지긋이 음미하고 은근히 웃어주시길 바라며…

커피는 정답이 없다면서요?

절대 미각의 소유자로 알려진 아버지에게는 당신만의 스타일이 있었습니다. 아버지는 절정의 커피맛을 드립으로 연출할 수 있다고 믿고 실천하셨습니다. 드립을 할 때 겉멋 부리는 것을 제일 싫어하셨고, 기본에 충실해야 최고의 커피를 만들 수 있다고 강조하셨습니다. 한잔 한잔에 정성을 다함으로써 최고의 커피를 만들어야 한다며 추출에 집중하셨습니다. 그 모습은 진지하고 신중했습니다. 자세는 숨이 막힐 만큼 근엄했지만, 마음은 따뜻하고 인자했습니다. 한 잔의 완벽한 커피는 이런 진지함과 진중함, 인자한 마음이 함께 작동할 때 비로소 완성됩니다.

서울 강남의 어떤 카페를 방문했을 때의 일입니다. 중년의 주인 여자분이 아버지께 커피 한 잔을 대접하더니 조심스럽게 물었습니다. "커피는 답이 없다면서요?"

자신이 없는 듯한 말투였습니다. 아버지께서 여자분을 바라보며 나즈막하게, 그러면서도 단호하게 말씀하셨습니다. "답이 없지. 그 커피의 진미를 추출하였을 때 얘기지만."

그렇습니다. 잘 못 내려진 커피, 정성이 깃들지 않은 커피는 답을 구하는 대상 자체가 아닙니다. 제대로 추출했을 때, 그래서 각각의 커피가 지니고 있는 향미특성이 잘 표현되었을 때 비로소 커피는 무궁무진한 맛의 향연으로 살아납니다. 다양한 연출과 해석이 가능하고, 새로운 의미와 가치 부여가 가능한 심포니나 오케스트라로 재탄생하는 겁니다.

답은 거기에서부터 찾아야 합니다. 오늘도 나는 커피의 진미를 추출하려고 안간힘을 써봅니다. 그러다 보면 언젠가는 아버지가 찾아내길 바랬던 답, 많은 사람들이 지금도 찾고 있는 커피의 정답을 찾게 될 날도 있겠지요.

주전자가 좋아서 그런 거지

아버지를 모시고 살 때에는 항상 선망의 커피 맛을 내고 싶다는 갈망이 있었습니다. 이를 위해서는 우선 꾸준한 연구와 노력, 연습이 필요했지만, 드립포트 덕을 봐서라도 빨리 경지에 들어야겠다는 섣부른 생각에 사로잡히기도 했었습니다. 그래서 세상의 거의 모든 유명 드립포트와 무명 드립포트를 찾고 구입하여 수많은 실험을 해본 적도 있습니다. 참 부질없는 짓이었지만, 그때에는 나름 절실하고 간절했습니다.

아버지는 절대 연장을 탓하지 않으셨습니다. 본인만의 드립포트를 정해놓고 그것만 쓰지도 않으셨습니다. 커피를 추출할 때면 거기에 있는 드립포트를 그대로 쓰셨습니다. 그러면서도 생전에 단 하나의 드립포트를 최고라고 손꼽으셨는데, 바로 다카히로 시즈쿠입니다.

다카히로는 드립포드 연구개발 전문회사입니다. 그 결과로 몇몇 제품을 만들기도 했습니다. 그 가운데 소비자의 의견을 충분히 반영해서 재탄생된 제품이 시즈쿠입니다.

미국에 계신 아버지께 테스트를 받으러 갔을 때의 일입니다. 아버지께서 일본에 직접 주문해서 구입하신 시즈쿠 블루(Blue) 드립포트로 드립하여 테스트를 받게 됐습니다.

"오, 박 선생님 커피와 비슷한 맛이 나네요."

자리를 함께 했던 지인이 맛을 보더니 극찬을 했습니다. 아버지의 커피와 비슷하다는 건 최상의 찬사였습니다. 그러자 아버지가 대뜸 덧붙이셨습니다.

"주전자가 좋아서 그런 거지."

아버지는 칭찬에 인색했습니다. 저에게만 유독 더 그랬던 것 같습니다. 그때는 서운하다 못해 서럽기까지 했지만, 그 또한 딸에 대한 아버지만의 사랑법이 아니었나 싶습니다.

아직도 쓴맛을 내냐?

아버지는 고노 드리퍼를 즐겨 사용하셨습니다. 쓴맛을 최대한 적게 하고, 단맛을 최대한 많이 내는 게 아버지식 고노 드립의 정수라고 할 수 있습니다.
아버지의 커피를 맛볼 때마다 그 비결이 궁금했습니다. 아버지의 추출을 따라 해서라도 그 달달하고 깔끔한 맛을 내고 싶었습니다. 하지만 그 경지는 생각만큼 쉽지 않았고, 종종 희망보다 좌절로 다가오곤 했습니다.

그래서일까요? 지금도 고노 드리퍼를 보면 가슴이 쿵쿵거리고 뜁니다. 나에게 제일 많은 고민과 좌절을 안겨주었던 드리퍼였기 때문입니다. 아버지는 종종 핀잔을 주곤 하셨습니다. 야단도 많이 맞았습니다. 고노로 내릴 때면 여지없이 느껴지는 쓴맛, 혀끝을 자극하는 아린 맛을 없애려면 어떻게 해야 하는지... 그때는 알 길이 없어 막막하고 답답하기만 했습니다.

'고노는 패스할까'란 잔꾀를 떠올리기도 했습니다. 하지만 그동안 다양한 추출을 위해 애써 온 노력과 투자가 아까웠습니다. 다시 결심하고 마음을 다잡으며 연습을 거듭했습니다. 참

프롤로그 17

많이 나를 힘들게 만들었던, 무던히도 애태우고 고민하게 했던 드리퍼가 바로 고노입니다. 아버지는 커피 추출에 대한 지름길을 가르쳐 주시지 않고 타박만 하셨습니다. 최소한의 힌트도 주지 않고 지켜보기만 했습니다. 그런 아버지를 원망하면서 어머니께 하소연을 한 적도 있습니다.

"아직도 쓴맛을 내냐?"

아버지의 이런 핀잔이 가슴에 박혔고, 무안하고 서운했습니다. 절망한 나머지 커피를 그만둬야겠다고 생각한 적도 있습니다. 소질이 없구나, 이게 한계인가 싶었습니다.

아버지로부터의 커피 가르침은 주로 여름과 겨울 등 아이들 방학 기간을 이용해 이뤄졌습니다.

가름침을 받기 위해 미국에 갔을 때의 일입니다. 그날도 아침 10시에 커피수업을 받으러 갔는데, 커피 1파운드(454g)를 던져 주셨습니다.

"알아서 추출하되 시간, 온도, 드리퍼 종류, 추출법을 꼼꼼하게 기록해 봐."

그러더니 어디론가 나가버리시는 겁니다. 당황스러웠지만 숙제가 주어진 이상 마다할 수는 없었으므로 열심히 집중해서 드립에 임하고 결과를 기록했습니다. 얼마나 깊이 몰두했는지 시간의 흐름이나 배고픔, 지루함도 잊은 채 임했던 것 같습니다. 그러다 보니 어느새 오후 3시가 훌쩍 지나 있었습니다.

"아직도 하고 있나?"

아버지께서 돌아오셔서 하신 말씀입니다.

"그만하라는 말씀이 없었잖아요?" 내 대답에 아버지는 "지독하다"며 혀를 찼습니다. 그리고는 "그만 가라"고 말씀하셨습니다.

무수히 많은 커피를 내려드렸지만, 아버지께 100점을 받아본 적은 한 번도 없습니다. 돌아가시기 얼마 전에서야 "요즘엔 너 정도 커피 내리는 사람도 별로 없다"는 말을 들었던 게 다입니다.

그때는 왜 그렇게 혹독하게 대하는지 원망스러웠고 자상하고 자세하게 가르쳐 주지 않는 게 서러웠습니다. 돌아가신 뒤에야 그 속내를 어렴풋이나마 알게 됐습니다. 스스로 깨닫게 하는 무심한 교육이 자상한 가르침보다 훨씬 더 힘들고 어려운 길이란 사실을 깨달았습니다. 물고기를 잡아주기보다 잡는 법을 가르쳐주는 것이 참된 교육입니다. 인생은 유한하고, 가르침 역시 한정적입니다. 우리는 어차피 우리 스스로 깨닫고 해결하며 살아가야 합니다.

고노의 강점은 역시 잘 내릴 경우 최고의 맛을 선사한다는 데 있습니다. 과정이 어렵지만, 숙달된 경지에 이르면 커피의 진미를 가장 잘 담아낼 수 있는 드리퍼가 고노입니다. 잘 하면 "이 커피에서 이런 맛이!"라는 감탄사를 들을 수도 있습니다. 아버지의 신중함과 진중함, 깊은 속과 닮았습니다.

요즈음 부쩍 아버지의 깊은 마음이 느껴집니다. 감사하는 마음과 함께 나 자신의 무지함과 미련함에 혼자서 울컥할 때도 많습니다. 그럴 때마다 아버지가 더욱 보고 싶어집니다.

거 참 두리뭉실하네

돌아가시기 6개월 전쯤의 일로 기억합니다. 하루는 당신이 하리오로 약배전 커피를 내렸는데, 결과가 사뭇 놀라웠습니다. 차마 말로 다 표현하기 어려운 완벽한 커피 한 잔! 그 커피는 담백하고 깔끔했습니다. 동시에 중후한 깊이와 은근한 뒷맛이 받쳐주면서 전체가 하나의 음악처럼 매끄럽고 몽글몽글하게 마무리되는 느낌이랄까요?
"거 참 두리뭉실하네."
아버지는 동의를 구하는 눈빛으로 나를 바라보셨습니다. 하지만 나 역시 뭐라 표현하기가 어려웠습니다. 그 그윽하고 진한 여운에 압도당한 나머지 잠시 머리 속이 하얘졌기 때문입니다.
젊은 시절 일본 생활을 오래 하신 탓에 아버지는 한국어 표현이 서툰 편이었습니다. 그래서 마음과 달리 생각이나 느낌을 정확하게 표현하시지 못하는 경우가 더러 있었습니다. 그때는 저도 그 말씀의 정확한 뜻을 이해할 수가 없었습니다.

요즘 드립 수업을 하다 보면 상황에 따라 이렇게 하라, 저렇게 하라는 주문을 하게 됩니다. 하지만 어떻게 하든 결과가 비슷하게 나올 경우가 많습니다. 때로는 스스로도 깜짝 놀랄 정도로 완벽한 맛이 추출되기도 하고요.
문제는 각자 집으로 돌아가 혼자 드립을 하면 수업할 때의 그 맛이 절대 나오지 않는다는 점입니다. 이는 학생들이 가장 의아해하는 부분이기도 합니다. 아마도 여건에 따라 각자 가지고 있는 힘의 조절이 달라지기 때문이 아닌가 합니다. 드립에서는 아주 미세한 차이가 사뭇 다른 결과를 가져오기도 합니다.

세월이 흐르면서 자연히 깨닫게 되는 경지가 있습니다. 내공이 쌓이면 습관처럼 커피를 내릴 수 있고, 어느덧 밸런스가 잘 잡힌 완벽에 가까운 맛을 낼 수 있게 된다는 사실입니다. 절묘한 밸런스란 신맛과 쓴맛, 단맛, 감칠맛 등이 어느 하나도 튐이나 기울어짐 없이 하나의 맛으로 통일될 때 비로소 실현됩니다.

하지만 그게 말처럼 쉬운 건 아닙니다. 보통은 어느 하나가 조금 튀거나 치우치면서 신 커피, 쓴 커피로 느껴지고 평가되기 마련입니다. 신맛이 어떻다, 단맛이 어떻다, 쓴맛이 어떻다고 하는 말들은 결국 밸런스가 깨어졌을 때 나오는 말입니다.

결국 장인의 솜씨는 밸런스로 평가되고 완성됩니다. 오랜 학습과 경험이 쌓여 습관처럼 움직이는 팔, 머리와 가슴으로 만들어내는 완벽한 커피의 절대적인 기준은 균형미입니다.

아버지는 이미 오래 전에 그런 경지에 든 분입니다. 커피와 함께 동거동락하신 진정한 커피 장인이자 돌아가시기 전까지 커피를 즐겨 드셨던 커피마니아이기도 합니다.

아버지의 그때 그 커피 한 잔이 그립습니다.

좀 더 낮춰! 더, 더…

이렇게 훌륭한 아버지를 두고도 왜 처음에는 뒷바라지만 했느냐, 부녀지간인데 왜 전적으로 사사받지 않았냐고 묻는 분들이 더러 있습니다. 그러면 냉큼 떠올리게 되는 인물이 있습니다. 아버지의 제자 중에 교육시간에 항상 우는 제자가 있었습니다. 자세한 내막은 알 수 없지만, 그분은 올 때마다 조금 심하다 싶은 꾸지람을 들어야 했고, 그때마다 울음을 터뜨리곤 했습니다. 그런데도 수업에 빠지는 법이 없었습니다. 그렇게 울 정도로 혼나고 나면 오고 싶은 마음이 쏙 들어갈 법도 한데, 그분은 참 열심히도 얼굴을 보이고 자리를 지켰습니다. 왜 그랬을까요?

아버지가 미국에 가실 때도 그분은 공항까지 배웅을 나왔고, 선물을 드리기도 했습니다. 돈 주고 배우면서 걸핏하면 혼나고 우는 모습을 보다 보면 저러면서 왜 할까, 무슨 영광을 보겠다고 한사코 매달리나 싶어지곤 했습니다.
그나마 생겼던 호기심이 쏙 들어가면서 배우겠다는 열망이 확 식어버릴 밖에요. 그때 이미 제 나이는 학생들보다 많았습니다. 딸이기도 했고요. 그러니 남들보다 더 많이 혼날 게 자명했습니다. 아버지에게는 남보다 딸이 더 편하고 만만할 테니까.
아버지는 너그러운 성격의 소유자는 아니었습니다. 저는 무서운 걸 못 견디는 성격이었고요. 그래서 처음에는 일부러 외면했습니다. 아버지에게 커피를 배우지 않고 그냥 뒷바라지만 했던 거지요. 그러다가 어느날 갑자기 배워야겠다는 생각이 간절해졌습니다. 나이가 들면서 아버지의 엄격함도 결국은 사랑에서 비롯된 것임을 깨달았기 때문입니다.

어쩌면 그때 아버지는 많이 외로우셨던 건지도 모릅니다. 그래서 더 커피에 몰두했던 거고요. 아버지의 기술과 명성은 참 대단하고 아까운데 가족들은 아무도 그걸 배우려고 하지 않았습니다. 딸들과 어머니까지도. 그런 분위기 속에서 있다 보니 이건 아니야, 나라도 꼭 배워서 이어가야지...라는 사명감에 사로잡혔던 것 같습니다.

"그래, 혼나면 뭐 어떻겠노. 딸이라도 잘못하면 혼나는 게 맞지."

직접 배우다 보니 그때 그 제자가 왜 울었는지, 그러면서도 왜 뛰쳐나가지 않고 계속했는지 알 수 있었습니다. 아버지가 제일 싫어하는 것은 타성과 습관이었습니다. 타성에 젖어 습관적으로 커피를 대하는 사람들을 볼 때면 아버지는 호통을 아끼지 않으셨습니다.

그 한 예가 바로 주전자의 높이 문제였습니다. 아버지의 드립 포인트는 주전자의 주둥이가 커피와 최대한 가까워야 한다는 데에서 출발합니다. 심지어 주전자 주둥이가 커피 물에 잠길 만큼 가깝게 유지하면서 천천히 드립에 임하라는 것입니다.

보통 사람들은 주전자를 높게 들고 드립을 합니다. 그러면 주전자의 물이 커피의 표면층을 치게 되고, 불필요한 와류와 급류가 생기면서 맛이 거칠어지게 됩니다. 그래서 처음 배우는 사람들은 대개 아버지로부터 주전자를 낮춰라, 더 낮춰라...는 잔소리를 귀가 따갑게 듣게 됩니다. 그 순간에 낮추다가 추출을 진행하면서 은연중에 올라가면 다시 불호령이 떨어집니다.

"좀 더 낮춰 더, 더..."

그러다 보면 결국 성격이 나오는 겁니다. 민망하고 미안해진 제자는 끝내 울음을 터뜨리게 되는 거고... 타성과 습관은 이처럼 무섭습니다. 잘 고쳐지지 않죠. 아버지나 제자나 그렇다는 것을 너무도 잘 알고 있었기에 혼나고 울면서도 관계를 이어갈 수 있지 않았을까요?

어떨 땐 신들린 사람 같아

아버지의 인생 7할을 지탱해 준 것이 커피였습니다. 커피는 그리움의 대상이자 하고 싶어서 한 향수 같은 것이었습니다. 원양어선을 타고 낯설고 물설은 타국을 전전할 때. 아버지의 외로움과 향수를 달래주었던 유일한 '친구'는 커피였습니다. 동시에 스스로의 마음을 다잡고 지탱하게 해준 나침반이기도 했습니다.

일본에서 살 때 젊은 한국인의 알 수 없는 혈기와 분기를 달래주었던 것도 커피였을 것입니다. 외항선원 일을 관둔 아버지가 굳이 다시 일본행을 결심하고 강행한 것도 따지고 보면 커피의 실체를 깨닫고 진수를 배워와야겠다는 열망 탓이었습니다.

어머니는 아버지를 믿지 못하셨습니다. 가정적이지도 않고 생활력도 강한 편이 아니었기 때문입니다. 때로는 한 가지 일에 오래 집중하지 못하고 떠도는 아버지의 역마살에 대해 진저리를 치기도 했습니다. 하지만 이런 어머니도 아버지의 커피 열정만큼은 인정하셨던 것으로 기억됩니다. 처음에는 주변의 사람들이 아버지의 커피에 대해 감탄하고 있다고 해도 믿지 않았지만, 나중에 그러셨거든요.

"다른 건 몰라도 커피에는 진심이긴 하지. 어떨 땐 신들린 사람 같아."

일본에서 살 때에는 외삼촌들이 실력가들이었습니다. 외삼촌들은 특히 아버지를 많이 사랑하고 이뻐했습니다. 그래서 아버지가 다섯 살 때부터 데리고 다녔다고 합니다. 다방을 많이 갔는데, 그 때의 기억이 어린 아버지의 가슴에 진하게 남아있었던 모양입니다. 아직

어릴 때라 아버지는 커피 대신 다른 음료를 마시곤 했지만, 그윽한 커피향과 이를 둘러싼 잔잔하고 차분한 분위기, 음악과 조명, 사람들의 화기애애한 대화 등이 좋은 기억이자 추억으로 간직되어 있었던 거죠.
어느 날인가 아버지가 혼잣말처럼, 지나가는 말처럼 이렇게 중얼거리셨던 기억이 납니다.
"커피가 나를 달래고 이끌었던 것 같아. 동경에 살 때 말이야."

아버지는 미국에서 돌아가셨습니다. 돌아가시기 얼마 전까지도 종종 한국을 찾아 지인들과 함께 커피 이야기를 나누곤 하셨지만, 정작 돌아가실 때는 상황이 여의치 않았습니다.
나중에 지인들에게 들은 이야기입니다. 돌아가시기 얼마 전 교회에서 예배를 보는데, 아버지께서 갑자기 벌떡 일어서셨습니다. 그러더니 커피 내리는 시늉을 하시더라는 겁니다. 그것을 본 사람들은 말리지도 못하고 그대로 지켜볼 수밖에 없었고요.
정신이 혼미한 상태에서 드린 마지막 예배였습니다. 그 와중에도 당신은 드립을 하셨던 겁니다. 실제로 아버지는 돌아가시기 직전까지 손수 커피를 내려 가족들이나 지인들에게 대접하곤 하셨습니다. 병원에 입원하기 전까지 커피인으로 사셨던 거죠.
어쩌면 그 날 그 교회에서 아버지는 한국의 지인들에게 커피를 내려주고 계셨던 건지도 모릅니다. 그러면서 행복해하셨을 겁니다.

시간이 얼매 읍다, 내 쫌 보자

경주 '슈만과클라라' 최경남 대표, 포항 '아라비카' 권영대 대표, 울산(지금은 부산) '빈스톡'의 박윤혁 대표 등 세 분은 아버지가 많이 아끼고 애증하고 그리워했던 분들입니다. 이 세 분이 아버지의 1호 제자들이기 때문입니다.

당시는 제가 아버지를 따라다니며 조교 비슷한 스태프 역할을 할 때였습니다. 세 분 다 정말 커피에 진심이었고 열심이었습니다. 지금은 다들 일가를 이루고 성공을 했지만, 그때까지만 해도 앞날을 가름하긴 어려웠습니다. 국내의 커피문화가 걸음마 단계였으니까요.

세 분 중에서는 최경남 대표의 실력이 뛰어났던 것으로 기억됩니다. 칭찬에 인색한 아버지도 인정하셨고, 그분의 꼼꼼함과 치밀함에 놀라곤 하셨습니다.

최경남 대표는 엄청난 열정가이자 탁월한 집중력의 소유자이기도 합니다. 나중에 혼자서 일본으로 건너가 별도로 사사를 받기도 할 만큼 커피에 몰두했고, 그 결과 드립을 넘어 커피 로스터로 나아가기도 했죠. 자신만의 실력과 철학을 갖추고 또 하나의 경지를 개척했다고나 할까요.

최경남 대표는 그 후로도 아버지를 진심으로 존중하고 정성을 다했습니다. 아버지가 방문하면 늘 직접 커피를 뽑아 대접하면서 많은 이야기를 나누곤 했죠. 반면, 포항 아라비카의 권영대 대표는 호인형이었습니다. 호텔리어 출신답게 예의범절과 친절이 몸에 배어 있는 분이고, 대인관계도 원만했습니다. 성격도 조용조용한데다 커피에 대해서도 다방면에서 무난했던 것 같아요. 이런 호감과 은근한 매력 덕분에 아라비카가 포항의 명품 카페로 떠오를 수 있었다고 봅니다.

아버지는 세 분 중에서 유독 박윤혁 씨에게 융드립을 권했습니다. 아마도 새롭고 독특한 영역을 개척해 보라고 그러신 것 아닌가 싶습니다. 1:1 사사형식으로 융을 가르쳤는데, 이때의 배움과 깨달음을 바탕으로 빈스톡은 진하고 몽글몽글한 융드립 커피의 메카로 자리잡게 되었습니다.

박윤혁 대표는 아버지한테 정말 잘했습니다. 벚꽃 구경도 시켜주고, 식사도 대접했어요. 아버지가 미국에 계실 때에는 직접 볶은 콩을 보내주면서 맛에 대한 평가를 부탁하기도 했었고요. 그러던 중 부인이 큰 병에 걸렸다는 말을 듣고 얼마간의 성의를 표한 적이 있었는데, 그 이후로 연락이 끊겼다고 합니다. 그때 아버지로서는 다른 방법이 없어서 그랬는데, 받아들이는 입장에서는 돈보다는 따뜻한 위로와 격려가 더 절실했던 모양입니다.

여자들이 이해하기 어려운 남자들만의 세계가 있는 것 같습니다. 우리라면 직접 찾아가서라도 이유를 물어보고 오해가 있으면 풀었을 것 같은데, 아버지는 그러지 않았습니다. 묻지도 따지지도 않고 오해가 녹고 풀릴 때까지 마냥 속끓이며 기다리는 꼴이라고나 할까요. 몇 년이 지났을까요? 도저히 그대로는 안되겠는지 어느 날 아버지가 먼저 전화를 거셨습니다. 박 대표님은 그 때 혼자 울산에서 커피만 볶아서 파는 공방을 운영하고 있었습니다.

"니, 내 다신 안 볼래? 시간이 얼매 읍다, 쫌 보자."

이 전화를 계기로 아버지와 박 대표는 화해를 했습니다. 돌아가시기 한 3~4년 전의 일입니다. 아버지는 그 결과에 대해 어떤 얘기도 없었습니다. 나도 차마 물어보지 못했고요. 지금도 그때 그이가 왜 그랬을까... 궁금해지곤 합니다.

일단 독학을 해보라

또 한 사람, 생전에 오해를 샀다가 화해한 사람이 있습니다. 바로 대구를 기반으로 커피의 정도를 걷고 있는 '커피명가'의 안명규 대표입니다.

아버지 사후에 이런 얘기를 여기에다 하는 것 역시 아버지에 대한 그리움 탓일 겁니다. 당신 겉과 달리 속이 여린 분이었고, 다치기 쉬운 마음의 소유자셨습니다. 속마음은 다정하고 다감했지만, 표현 방법을 잘 몰랐습니다. 그러다 보니 혼자 속을 끓이는 일도 많았습니다. 아마도 아버지는 지금 하늘에서도 끓는 속을 드립으로 달래고 계실지도 모릅니다.

젊은 안명규 대표가 박이추 선생님을 찾아간 적이 있습니다. 커피를 배우기 위해서였죠. 군대를 막 제대한 다음이라 가진 것은 없고 열정만 가득할 때였습니다. 거의 전 재산을 털다시피 해서, 물어물어 찾아갔던 겁니다. 그런데 박 선생님의 대답은 뜻밖이었습니다. '나보다는 박상홍 선생한테 배우는 게 좋겠다'는 거였습니다.

핸드드립에 관한 한 당신보다 아버지가 더 낫다고 생각하고 있었기 때문이었던 지도 모르겠습니다. 보헤미안 운영만으로도 너무 바빠서 사사에 부담을 느꼈을 수도 있습니다. 어쨌든 거절을 당한 안 대표는 기대를 안고 다시 아버지를 찾아 왔고, 자신의 사정과 열정을 얘기했습니다. 그런데 아버지에게서도 뜻밖의 대답을 들었습니다. '일단 독학을 해보라'는 거였습니다.

그러면서 책 몇 권을 챙겨서 주었다고 합니다. 당시 아버지는 미국 이민을 준비하고 있었습니다. 미국에 살고 있는 식구들과 함께 살기 위해서였습니다. 얼마 지나지 않아 아버지는 미국으로 가게 됐고, 안 대표에게 전후사정을 얘기하지 않은 채 떠나셨습니다. 안 대표는 이런 무심함에 큰 상처를 받았던 모양입니다. 자기가 가장 힘들 때, 정말로 도움이 절실할 때 손을 잡아주지 않았다는 실망감은 컸을 겁니다. 어쩌면 자기가 돈이 없어서 푸대접을 받았다고 오해했을 수도 있습니다.

그 후로도 아버지는 이민 때문에 그랬다는 해명은 하지 않았습니다. 그러면서 내심 관심을 가지고 지켜봤죠. 사람들에게 커피명가 소식을 묻기도 하고, 잘 하고 있다는 말을 들곤 고개를 끄덕이기도 했습니다. 가끔은 커피명가의 원두를 직접 사서 마셔보기도 했고요.

그러던 어느 날 지인들과 함께 대구 지역의 카페를 돌아볼 기회가 생겼고, 아버지는 커피명가를 들러 안명규 대표를 만나보고자 했죠. 처음 사위가 뜻을 전하자 고사했던 안 대표도 아버지가 직접 전화를 걸어 꼭 만나야겠다 하자 마음을 열었습니다.

그렇게 안명규 대표와의 만남이 이루어졌고, 그 자리에서 아버지는 그런 사정을 몰랐다, 모른 채 내 앞가림에 급급했던 것 같다. 미안하다, 그런데도 이렇게 잘 해 줘서 고맙다…고 진심으로 미안해하고 사과했습니다.

오래도록 두 분 사이를 가로막고 있었던 빗장 하나가 스르르 풀리는 순간이었습니다. 갑자기 카페가 훤해지고 포근해지는 것 같았습니다. 아버지에게 저런 관대함과 사내다움도 있었던가? 새삼 존경스러운 마음이 치솟기도 했습니다.

야야, 커피값 내고 와라!

2017년 9월 27일의 일입니다. 아버지가 꼭 만나야 할 사람이 있다고 했습니다. 그래서 연락처를 수소문 했으나 찾을 수가 없었습니다. 아버지는 파젠다를 운영하는 김숙희 대표에게 연락을 해보라 했습니다. 김숙희 대표가 수소문에 나섰고, 결국 칼디커피를 통해 그분의 주소를 받아냈습니다. 찾았다고 말씀드리자 아버지는 대뜸 저에게 "가자! 앞장서라!"고 채근했습니다. 그래서 우리는 파주에 있다는 '퀄트'라는 카페를 찾아 길을 나서게 되었습니다. 가는 도중에 아버지는 우리나라 여성로스터 1호를 만나러 가는 것이라고 귀띔해주었습니다. 당신이 그런 별명을 붙여주었다는 겁니다. 그러면서 장애인이어서 늘 어떻게 살고 있는지 궁금했었다고 말씀하셨습니다.

카페에 도착하자 문봉실 대표가 환하게 웃으며 우리 일행을 반겼습니다. 얼마나 크게 웃어주는지, 입이 귀에 걸릴 지경이었습니다. 그분은 커피를 내려주시고는 남편도 소개했습니다. 남편도 장애가 있었습니다. 저는 처음 가본 곳이었는데, 아름답게 성장한 딸이 있었습니다. 딸은 엄마를 도와 커피를 내리는 걸 거들고, 택배도 보내고 있었습니다. 다들 표정이 밝았습니다.
"정상인들보다 더 낫지?"
아버지가 작게 얘기했습니다. 그제서야 아버지가 왜 이 외진 곳까지 가자고 했는지 어렴풋이 짐작되는 바가 있었습니다. 문봉실 대표는 강배전 커피 전문가였습니다. 강배전인데도 커피의 맛은 의외로 부드럽고 구수했습니다.

"약배전은 안 하시나요? 실력자이시므로 약배전도 잘 하실 수 있지 않나요?"
"제가 신맛을 싫어해요. 제가 싫어하는 걸 어떻게 만들어서 권하겠어요."
우문에 현답이 돌아왔습니다. 요즘의 추세에 휘둘리지 않고 꼿꼿하게 자기만의 스타일을 고집하고 이어나가는 그분의 자세가 아름다웠습니다. 강배전 커피가 맛있는 집을 찾기가 점점 더 어려워지는 요즘 퀼트는 보석과 같은 존재입니다.

아버지에게는 제자들이 운영하는 커피집을 다니는 게 가장 큰 즐거움이었습니다. 그런데 제자들 커피집에서 커피를 마시고 난 뒤 커피값을 내는 걸 한 번도 본 적이 없습니다. 커피값 받는 사람이 아무도 없었기 때문입니다. 커피값은커녕 '선생님'을 대접해야 한다는 생각이 더 컸을 수도 있습니다. 저는 늘 하던 대로 퀼트에서도 커피값을 안 내고 나왔습니다. 그러자 아버지가 나를 발로 툭툭 차며 말씀하셨습니다.
"야야, 커피값 내고 와라!"
제자가 하는 커피집에서 처음 내본 커피값이었습니다. 그 후 얼마 되지 않아 아버지는 돌아가셨습니다.

Chapter 1
이슬커피의 개념과 조건

이슬커피를 위한 기본 상식

이슬커피의 개념과 원리

이슬커피를 위한 기본 상식

1) 오미(五味)

쓴맛, 단맛, 신맛, 짠맛, 감칠맛 등 5가지 맛을 오미(五味)라고 합니다. 매운맛은 오미에 들어가지 않습니다. 커피에는 짠맛이 거의 없으므로 대개 사미(四味)를 기준으로 합니다. 커피에는 숨은 맛으로 떫은맛도 있습니다.

우리 혀에는 각각의 맛을 느끼는 수용체라는 단백질이 있습니다. 단맛을 느끼는 수용체는 1개지만, 쓴맛을 느끼는 수용체는 29개나 되므로 커피의 맛을 잘 구분하기 위해서는 혀를 이용해서 음미하며 마셔야 합니다. 이를 배전도에 따라 적용해 보면 대개 다음과 같이 적용해 볼 수 있습니다.

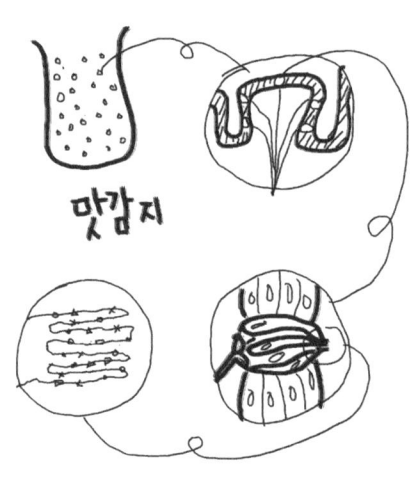

- 강배전 : 쓴맛, 단맛, 감칠맛 위주
- 중배전 : 신맛, 쓴맛, 단맛, 감칠맛
- 약배전 : 신맛, 단맛, 감칠맛

2) 물의 중요성

커피 한 잔의 99%는 물입니다. 물은 전체적인 맛에도 큰 영향을 끼치므로 대단히 중요한 부분이라고 할 수 있습니다. 맛있는 물은 맛있는 커피, 맛없는 물은 맛없는 커피와 직결됩니다.

일반적으로 뒷맛의 여운을 좋게 하려면 연수를 사용하는 것이 좋다고 알려져 있습니다. 증류수를 사용하면 맛이 밋밋해지고, 미네랄과 무기질이 너무 많은 경수를 사용하게 되면 잡미가 나올 가능성이 높아집니다. 따라서 칼슘과 마그네슘의 함량이 적절한 물이 가장 적합하다고 할 수 있습니다.

일반적으로는 대개 생수를 사용하므로 시판 생수 테스트를 통하여 어떤 물이 더욱 좋은 커피맛을 내는 데 유리한지 알아볼 필요가 있습니다. 손쉽게 좋은 물 여부를 테스트하는 방법은 홍차를 우려보면 됩니다. 홍차의 카테킨(Catechin, 폴리페놀의 일종) 성분이 타 물질과 잘 결합하기 때문에 미세한 변화에도 민감하게 반응합니다. 우렸을 때 홍차색 정상이면 연수에 해당이 되고, 냄새나 색, 맛이 변하면 연수기 아닐 가능성이 큽니다. 이때 색상은 연하지 않고 진하게 나와야 정상이라고 할 수 있습니다.

물은 정수를 사용하되 반드시 끓인 물을 사용하도록 합니다. 단, 너무 많이, 오래 끓인 물을 사용하면 밋밋한 커피가 될 가능성이 크므로 주의해야 합니다. 물은 대개 PH 단위로 분류하는데, 그 기준과 특성은 다음과 같습니다.

① 알칼리성(PH7 이상)

산성(신맛)의 커피를 중화시키는 작용이 있기 때문에 알카리성의 물로 추출하면 신맛이 약간 더 부드러워지게 됩니다.

② 산성(PH7 이하)

커피 자체가 산성이므로 PH가 낮으면 신맛이 다소 강해집니다.

③ 중성(PH7.2)

칼슘과 마그네슘의 밸런스가 좋다. 시판 생수를 자체적으로 테스트한 결과 평창수가 가장 적합한 것으로 나타났습니다.

3) 커피 추출의 원리

커피가루는 다공질 구성(현미경)으로 되어 있으며, 물을 부으면 가용성 성분으로 35%까지만 녹습니다. 한잔의 커피는 물이 99% 내외이고, 커피 성분은 1%~1.5%(1.5%를 넘으면 진한 느낌)에 불과합니다. 커피가루에 물을 부으면 가용성분은 30~35%인데, 35%를 다 추출하면 과추출되어 잡미가 많은 커피가 됩니다.

원두를 물에 담가두면 20%까지 성분이 우러나게 됩니다. 볶은 커피의 18~22%가 맛있는 성분이므로 드립 시에는 이 맛 추출에 집중하게 됩니다. 드립은 보통 3분 이내로 하며 시간, 온도, 분쇄도 등 조건이 적절하지 않으면 추출성분도 지나치게 적거나 22%를 넘어 잡미가 나오게 됩니다.

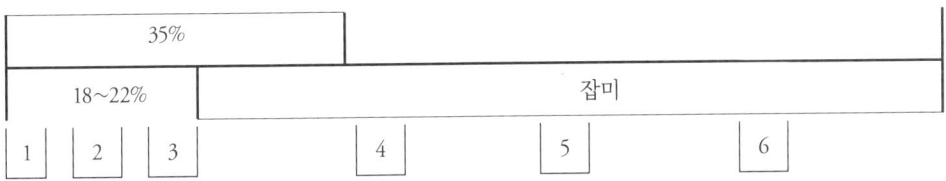

위 그림대로 30ml씩 순서대로 추출하면 1은 진한 추출, 2~3은 적당한 추출(액기스), 4~6은 잡미가 나는 추출이 됩니다. 그동안의 실험결과를 토대로 보면, 일반적인 페이퍼 드립은 2~3인분 기준으로 3분, 4~5인분의 경우 4분을 넘기지 않는 게 좋은 것으로 나타났습니다.

현장에서의 이런 실험결과가 이슬커피의 기초가 되었습니다.

> **Tip.** 맛있는 커피 내리기 3포인트
>
> ① 미분 제거 (깔끔한 맛을 위하여)
> ② 배전도에 맞는 물의 온도 (과추출, 과소추출 방지)
> ③ 물줄기 배분 (밸런스 좋은 커피)

> **Tip.** 맛없는 커피가 되는 3포인트
>
> ① 지나치게 가는 분쇄 (잡미의 원인)
> ② 95℃ 이상 또는 80℃ 미만의 물 온도 (과다, 과소추출의 원인)
> ③ 유통기간이 경과한 원두 사용 (잡미의 원인)

4) 커피맛의 평가

커피의 맛을 좌우하는 요소는 크게 생두(50%), 배전(30%), 추출(20%) 등입니다. 하지만 생두의 종류, 배전 방법, 다양한 추출 조건에 따라 맛은 달라지기 마련입니다. 이런 변수들을 종합하여 맛이 결정되지만, 가장 중요한 요인은 역시 원두의 품질이라고 할 수 있습니다. 최하의 재료로 최상의 맛을 낼 수는 없기 때문입니다.

여기에서는 커피원두의 품질 구분과 선택의 문제는 논외로 하고 추출에 대해서만 집중하고자 합니다. 원두의 품질을 따지기 위해서는 재배와 수확에서부터 가공, 로스팅, 블렌딩, 커핑 등 엄청난 공부가 필요하기 때문입니다. 추출 시에 중요한 변수로 작용하는 조건에는 배전 날짜, 분쇄도, 원두의 양, 물, 온도, 드립 도구, 드립 방법, 추출 속도, 추출 양 등이 있습니다.

① 쓴맛

강배전은 무조건 쓰다(한약)고 느끼는데, 강한 쓴맛이 아닌 기분 좋은 쓴맛이어야 합니다. 다크 초콜렛의 쓴맛. 강배전은 쓴맛과 단맛이 같이 느껴지고 깔끔한 뒷맛에 오일리(Oily)한 부드러운 맛이 느껴져야 강배전의 특징을 살렸다고 봅니다. 농도에 따른 차이는 있습니다.

② 신맛

신맛은 약배전에서 주로 발현되며, 식초의 신맛이 아닌 과일의 산미여야 합니다. 사과, 딸기, 베리류, 오렌지, 귤 등의 신맛으로 반드시 단맛이 따라나와야 합니다. 아로마는 풀향기, 꽃향기, 민트향, 고구마향, 약초 등의 아로마가 있어야 스페셜티라고 할 수 있습니다. 중배전을 통해서도 신맛이 강조되기도 합니다. 요즈음의 스페셜티는 견과류의 너티한 맛, 훈훈하고 쌉쓰레한 맛 뒤에 지나가는 숨은 신맛이 좋게 다가오는 경우가 많습니다. 과일주스를 연상케하는 매력이 있습니다.

③ 단맛

커피의 기본이자 바탕이 되는 맛으로 맛있다라고 쉽게 표현하는 맛입니다.

④ 감칠맛

설탕이나 꿀과 같은 단맛이 아니라 여운에 느껴지는 깊은 맛으로 커피에서 꼭 느껴져야 하는 맛입니다.

5) 맛의 변화

배전도와 물의 온도에 따라 두드러지는 맛의 종류도 달라집니다. 추구하는 맛에 따라 약배전 원두를 쓸 것인지, 아니면 강배전 원두를 쓸 것인지를 결정해야 하고, 그에 따라 물의 온도를 어떻게 잡을 것인지를 정해야 합니다.

① 약배전 : 온도가 낮을수록 떫은맛과 신맛 증가

　　　　　　온도가 높을수록 신맛 감소

② 강배전 : 온도가 낮을수록 쓴맛 감소

　　　　　　온도가 높을수록 쓴맛 증가

> **Tip.** 클린컵(Clean-Cup)이란?
>
> 커피는 맑고 깔끔한 맛이어야 한다. 즉, 깔끔하고 상큼한 맛, 투명한 맛을 가지고 있을 때 클린컵이라는 평가를 받는다.
> 특히 떫은맛, 텁텁한 맛, 비린내, 풋내, 약간의 짠맛 등 불쾌한 잡미가 느껴지지 않아야 한다. 처음부터 끝까지 맑고 깔끔하고 상쾌한 풍미를 유지해야 클린하다고 평가할 수 있다.
> 맑아야 한다는 것은 연한 커피와는 다른 개념이다. 농도의 차이를 말하는 것이 아니라 잡미가 없어야 한다는 것이다. 강배전 커피의 맛은 두꺼운 풍미와 진한 농도를 가지고 있지만, 좋은 생두를 잘 볶았을 경우 그 안에서도 투명함과 깨끗함을 느낄 수 있다. 약배전에서는 맛이 꽉 차 있으면서 잡미가 전혀 없는 깔끔하고 깨끗하게 떨어지는 맛을 뜻한다.

6) 커피 생산국에 따른 맛의 특징

① 아프리카

케냐, 에디오피아(커피의 원산지), 르완다, 부룬디, 탄자니아, 예멘(모카마타리) 등. 주로 전통적인 맛과 향, 화사한 느낌의 풍미를 느낄 수 있는 커피입니다.

② 남미

브라질, 콜롬비아, 에콰도르, 페루, 볼리비아 등. 대체로 무난하고 편안한 느낌의 커피가 많이 나며 신맛, 단맛, 쓴맛의 밸런스가 좋습니다.

③ 중미

파나마(게이샤), 과테말라, 코스타리카, 엘살바도르, 온두라스, 멕시코, 니카라과, 자메이카(블루마운틴), 하와이(코나) 등. 다양하고 개성적이며 화려한 풍미를 맛볼 수 있습니다.

④ 동남아시아

인도네시아(만델링), 베트남, 태국, 필리핀 등. 깊이가 있는 중후함과 풀바디감, 쓴맛의 카카오 함량이 많은 초콜렛의 풍미로, 허브향과 중독성이 강한 커피이자 이국적인 향기로 마음을 끄는 커피입니다.

※ 에디오피아, 케냐, 인도네시아는 캐릭터가 확실하고, 강하고, 열정적인 맛을 갖고 있어 호불호가 있다.

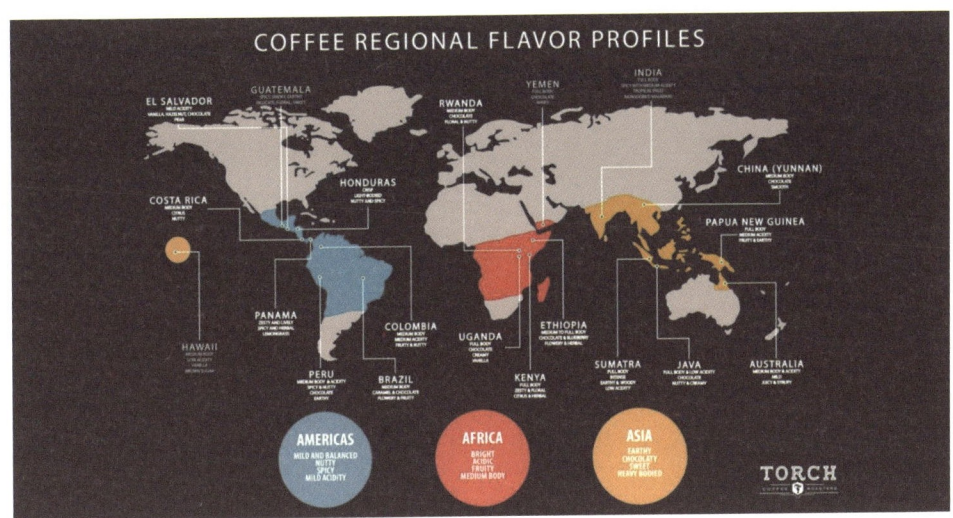

Tip. 세계 3대 커피는?

예맨 모카마타리(Mocha Mattari), 자메이카 블루마운틴(Blue Mountain), 하와이 코나(Kona) 커피를 세계 3대 커피라고 칭합니다. 맛의 특징은 다음과 같습니다.

모카마타리 : 우아한 과일 맛, 향, 산뜻한 신맛이 살아 있는 커피. 에디오피아 모카는 과일의 맛과 향이 강한 반면, 예멘 모카마타리는 고급스럽고 품위 있는 귀부인 이미지의 신맛과 향을 가지고 있습니다.

블루마운틴 : 영국 왕실의 애용품으로 유명해지면서 '황실의 커피'라 불린다. 일본인들의 90%가 선호하는 커피로 각광을 받으면서 고가의 커피로 자리를 잡았으며, 약배전 시 최고의 밸런스를 자랑합니다.

코나 : 커피 생산국 중 유일하게 선진국(미국)에서 생산되는 커피. 모든 배전이 가능하나 약배전 시 산미가 화려합니다.

7) 가공법에 따른 분류

현대의 가공법은 과학적인 연구로 특별한 향미가 생기기도 합니다. 예를 들면 이산화탄소 발효법도 새로운 방법으로 관심을 받기도 합니다. 보편적으로 워시드(물세척), 내추럴(태양건조), 펄프내추럴(하이브리드)

① 워시드

　물이 풍부한 나라에서 주로 시행하는 가공법으로, 커피체리의 껍질을 벗기는 펄핑(Pulping) 과정을 거쳐 일정 시간 동안 수조에 담궈 점액질을 제거하고 자연발효를 시킨 다음 물로 세척해서 건조하는 방법입니다. 건조에는 태양열을 이용하는 자연건조와 기계의 열을 이용하는 인공건조 방식이 있습니다.

② 내추럴(자연건조)

　커피체리 상태로 아프리칸 베드라는 건조대에 올려서 건조한 다음 도정(Holling)하는 가공법. 단맛과 풍미가 많이 느껴지는 커피가 되나, 흙바닥이나 콘크리트에서 잘못 건조하면 흙냄새 등의 잡미가 날 수도 있다.

③ 허니프로세스(펄프드 내추럴)

　워시드와 내추럴의 장점을 살린 건조법으로, 펄핑기계로 체리의 껍질을 제거한 후 수조에 담그지 않고 점액질이 있는 상태로 건조하는 방법을 말합니다. 깔끔한 맛의 워시드와 중후하고 화려한 맛의 내추럴 특징을 겸비한 풍미를 자랑합니다.

스페셜티 커피에 대하여

과거의 커피 평가는 표고나 원두의 크기, 결점두의 많고 적음 등 생산자 측에서 외견에 의해 판단한 등급으로 평가되었습니다. 그러다보니 보기에는 좋은데 맛이 좋지 않은 커피를 골라내기 어려웠습니다.

이런 문제를 보완하기 위해 커피의 맛을 직접 봄으로써 관능적으로 판단하고 평가하는 커핑(Cupping)과 테이스팅(Tasting) 기법이 도입되었고, 그 결과를 추가해 스페셜티 커피의 판단 기준으로 삼게 되었습니다. 스페셜티 커피의 평가항목은 다음과 같습니다.

① Aroma : 물을 붓기 전과 후의 아로마 정도
② Flavor : 커피를 입안에 머금었을 때의 전체적인 느낌과 풍미의 인상과 강도
　　　　　(인스턴트는 혀로 느끼는 맛의 강도)
③ Acidity : 상큼한 신맛의 질과 강도
④ Body : 입안에 남는 바디감과 감칠맛의 정도
⑤ Aftertaste : 비강에 남는 뒷맛, 여운의 지속성 여부
⑥ Sweetness : 단맛의 정도
⑦ Uniformity : 맛의 균일성. 5개 시음컵의 균일성 정도
⑧ Balance : 균형미 여부
⑨ Clean-Cup : 깔끔함의 정도와 지속성. 결점두로 인한 탁함의 유무
⑩ Overall : 전체적인 느낌과 인상. 개인적인 평가

스페셜티 커피가 본격적으로 부각된 시기는 2000년부터였지만, 스페셜티 커피(Specialty Coffee)라는 말이 처음 사용된 것은 1978년 프랑스에서 열린 국제커피회의에서였습니다. 이전에는 프리미엄 커피가 최고로 알려졌으나, 생산자들의 주장에 불과하다는 판단에 따라 소비자 관점의 평가를

더해 새롭게 등급을 매기면서 스페셜티란 용어가 굳어졌다고 할 수 있습니다.

1982년에 아메리카 스페셜티커피협회(SCAA)가 설립되었습니다. SCAA의 평가 기준은 가점식 관능검사가 특징이지만, 맛의 평가에만 머무르지 않고 종자에서 컵까지 데이터를 통한 평가, 물리 화학적 자극에 의한 감각기관의 반응 등을 고려하고 반영하고자 합니다. 이런 원칙과 관점을 바탕으로 객관적인 평가기준을 제시하고 교육하는 한편, 그 기준을 생산자에게도 알려주고 적용함으로써 전체적으로는 품질의 상승을 이끌었다고 할 수 있습니다. 지금은 SCA로 통합된 SCAA의 평가기준에 따른 커피의 등급은 다음과 같습니다.

■ 스페셜티 커피

스페셜티 커피로 인정받기 위해서는 위의 각각 10점 만점으로 되어 있는 10개 항목 평가에서 총점이 80점 이상이어야 합니다. 일단은 결점두가 거의 없고, 산지 고유의 맛과 향을 지닌 커피라고 할 수 있습니다.

- 90점 이상 : 산지의 특성이 뚜렷하고 향미 특성도 매우 높은 희귀 커피.
  "Top of Top"이라 불림
- 85~90점 : 무결점이면서 산지별 특성이 잘 나타나는 개성적인 커피
- 80~84점 : 무결점 커피로, 생산국의 특징이 뚜렷한 커피

■ 프리미엄 커피

지역적 특성이 나타나는 커피. 소량의 결점두가 있지만, 뉴욕 시세보다 비싼 가격에 팔리는 커피입니다.

■ 커머셜 커피

뉴욕 시세와 비슷한 수준의 커피. 과테말라 SHB, 콜롬비아 SHP, 브라질 No.2 등 일반적으로 많이 알려진 것들 대다수가 여기에 해당됩니다.

■ 로우그레이드 커피

저렴한 원두커피나 인스턴트, 원료 등으로 사용되는 커피. 결점두가 많은 등외의 제품이라고 할 수 있습니다.

스페셜티 커피의 가격을 결정하는 경로는 3가지입니다. 국제적 커피 평가조직인 컵오브엑설런스(Cup of Excellence; CoE)를 통해 전 세계 커피 업체가 참여하는 옥션을 통해 공개적인 입찰방식으로 가격을 정하는 방법이 있고, 수출하기 전에 원산지에서 실시하는 입찰을 통해 가격을 결정하는 방법도 있습니다.

SCA에서 인정하는 커피 품질평가사(Q-Grader)의 평가를 기반으로 커피 사업자가 직접, 독자적 기준에 따라 가격을 제시하기도 합니다.

이슬커피의 개념과 원리

1) 이슬커피의 개념

이슬커피 드립법은 커피원두의 분쇄도를 가늘게 했을 때 잡미가 많이 나오는 것을 없애기 위해 시작한 드립법입니다. 분쇄도가 굵으면 잡미가 줄어드나 드립이 어려워지고, 가늘면 잡미 때문에 맛을 내기가 어렵습니다. 드립 방식을 이용한 커피의 추출은 단순합니다. 간단히 설명하면 분쇄 원두에 물이 스며들어서 가스가 빠지게 되고, 그 공간 속에 있는 다공질 물질의 커피 성분이 물에 녹아 우러나오는 원리입니다.

보통의 커피 드립법은 먼저 분쇄한 원두를 뜨거운 물로 적셔준 다음 20~30초 기다리는 뜸으로 시작합니다. 이 뜸은 일반적으로 꼭 필요하다고 알려져 있기 때문에 드립을 하는 대부분의 바리스타들이 거쳐가는 관문이기도 합니다. 그래서 뜸 없이 바로 시작하는 드립은 상상할 수 없는 반전이 됩니다.

그러나 저자는 실험을 통해 뜸 없이 바로 추출하는 커피가 잡미가 적고 깔끔한 맛을 낸다는 사실을 발견했습니다. 단, 뜸을 생략할 경우 추출 시간이 짧아지게 되므로 보통의 경우보다 원두의 분쇄도를 더 가늘게 가져가는 게 좋습니다.

20~30초 동안의 뜸들이기 과정을 거칠 경우, 가스가 나오면서 커피 고유의 맛있는 맛과 아로마가 가스와 같이 휘발되게 됩니다. 또 표면이 갈라지면서 그 표면으로 물길이 트이기 때문에 이후의 드립에서 굵은 거품이 나오게 됩니다.

반면, 이슬커피는 뜸 없이 그대로 추출하기 때문에 맛있는 맛과 아로마가 그대로 남아 있게 됩니다. 드립을 할 때 생크림과 같은 아주 가는 거품이 나오고, 맛있는 성분이 아로마와 같이 커피로 추출되는 것입니다. 잡미가 없으니 좋은 성분을 전부 맛으로 느낄 수 있습니다. 즉, 파란 하늘에 구름이 없는 것과 같은 향미를 낼 수 있습니다.

2) 이슬커피의 기본 조건

① 준비물

원두, 계량 트레이, 저울, 그라인더(분쇄기), 미분체, 온수기(전기포트), 드립포트, 드리퍼, 드립필터, 유리서버, 온도계 잔 등의 기본적인 준비물이 필요합니다.

② 분쇄도

이슬커피는 중간 굵기보다 가늘게 분쇄하는 것으로 동일하게 합니다. 후지로얄 그라인더 5번으로 분쇄, 약간 굵은 황설탕 굵기의 2배 정도입니다. 보통 일반드립의 경우엔 약배전 후지로얄 7번, 중강배전 5,6,7번으로 사용하지만, 약배전은 더 이상 가늘어지면 떫은맛이 생기고 굵으면 과소추출이 됩니다.

③ 배전도와 물의 온도

배전도와 물의 온도는 커피의 맛을 결정하는 요소입니다. 배전도가 강할수록 물의 온도를 낮게 가져가야 쓴맛이 과다추출되는 현상을 줄일 수 있습니다.

- 약배전 : 90~92℃
- 중배전 : 86~88℃
- 강배전 : 82~85℃
- 초강배전(프렌치, 이탈리안, 아이스커피) : 82~84℃

3) 이슬커피의 장점

① 잡미 없이 원두가 가지고 있는 좋은 맛을 추출할 수 있다.

커머셜 그룹의 커피로 스페셜티 커피의 맛을 낼 수 있습니다. 즉, 맛없는 원두도 맛있게 드립할 수 있다는 것이 큰 장점입니다. 아로마를 위로 증발시키지 않고 커피의 추출액에 포함시켜 떨어지게 되므로 향기 역시 살아있게 됩니다.

② 단맛이 좋아진다.

뜸 없이 1차 드립으로 진행되어 추출 양과 추출시간이 많아지므로 단맛이 좋아집니다.

③ 모든 배전에서 각각의 특성이 확실하게 추출된다.

- 약배전 : 과일과 같은 산미가 살아나므로 화려한 산미를 선사합니다. 단맛이 좋습니다.
- 중배전 : 밸런스(균형미)가 좋습니다.
- 강배전 : 오일리한 맛과 부드러운 단맛이 좋습니다.

보통 드립에서 없는 지나가는 신맛이 있습니다. 특히 아이스커피는 월등히 맛이 깔끔하고 단맛이 좋습니다.

④ 모든 핸드드립 기구에 다 적용할 수 있다.

추출의 기본적인 원리에 주목하므로 기구의 종류에 관계없이 적용할 수 있습니다.

⑤ 추출시간이 단축되므로 작업속도가 빠르다.

뜸들이기를 생략하게 되므로 추출시간이 다른 드립법보다 30초 정도 빨라집니다. 이는 실제 추출에 더 집중할 수 있다는 뜻도 됩니다.

⑥ 화려하면서도 맑고 투명한 맛을 선사한다.

산미가 화려하고 특히 후미의 단맛이 월등합니다. 단맛이 혀끝에 맺힌다 하여 이슬커피라 칭하게 되었습니다.

⑦ 식으면 더 부드러운 맛이 도드라진다.

잡미가 없고 향미 성분이 잘 간직되어 있어서 식은 후에도 맛이 살아 있습니다.

⑧ 드립법이 쉽다.

뜸 과정을 생략하고 물붓기에 집중하므로 누구나 쉽고 간편하게 배울 수 있습니다.

4) 이슬커피가 맛있는 이유

① 오래된 원두의 맛을 살려준다.

오래된 원두가 맛이 없는 것은 가스(아로마)가 많이 빠졌기 때문입니다. 이슬커피는 천천히, 섬세하게 드립하므로 원두의 맛 성분 추출에 유리합니다.

② 고노(KONO) 드립을 할 때 특히 유리하다.

고노 드리퍼의 경우 일자 드립보다 점 드립이 더 맛있게 느껴집니다. 그 이유는 가스(아로마)가 천천히 빠지기 때문입니다. 이슬커피는 점 드립의 장점을 반영하고 있습니다.

③ 남아 있는 가스(아로마)를 잡아낸다.

이슬커피는 가스(아로마)를 물에 녹여 커피 추출액 속에 잡아두게 됩니다. 이 때문에 일반적인 드립에 비해 커피의 맛과 향이 더 좋게 됩니다.

Tip. 잡미란?

원두에서 미분을 제거할 때 나온 미분을 뜨거운 물에 타서 먹어보면 잡미의 생태를 알 수 있다.
대개 아린맛, 비린맛, 떫은맛, 짠맛 등을 잡미라 칭한다.

Chapter 2
이슬커피 드립의 실제

이슬커피 드립 준비

이슬커피 드립 자세

이슬커피 드립 방식

이슬커피 드립 준비

이슬커피 드립을 위해서는 기본적인 준비가 필요하고, 각 재료나 기물에 대한 이해가 전제되어야 합니다.

원두, 원두 계량 트레이, 저울, 분쇄기, 미분체 등 커피원두 관련 준비물과 기물에서부터 온수기, 드립포트, 드리퍼, 필터, 서버, 온도계 등 추출과 관련된 기물들, 그리고 롱스푼, 커피잔 등 시음 관련 기물 등에 대해 살펴보면 다음과 같습니다.

1) 커피원두

드립의 핵심 요소인 원두는 로스팅 정도에 따라 분류됩니다. 일본에서는 보통 8종류로 나누지만, 소비자는 크게 3가지로 나누어 보는 게 적당합니다. 강배전(깊고 진한 단향, 기분 좋은 쓴맛, 초콜레티), 중배전(그윽한 향, 고소한 맛, 너티), 약배전(은은한 베리향, 상큼한 신맛, 프루티) 등이 그것입니다.

이 중에서 본인이 선호하는 맛을 선택하면 됩니다. 원두를 선택할 때에는 다음 세 가지를

미분체　　드리퍼　　필터　　원두

저울　　온도계　　드립포트　　서버

감안하는 게 좋습니다.

- 자가배전 원두 : 가급적 로스터리카페 등 자가배전하는 곳에서 구입합니다.
- 신선한 원두 : 로스팅한 지 3~10일 정도 된 신선한 커피원두(Whole Bean)를 주문합니다.
- 소포장 단위 : 100g 단위의 소포장으로 선택하되, 15~30일 이내에 먹을 만큼만 구입합니다.

원두는 어떻게 보관하느냐에 따라 맛이 달라지는 재료입니다. 보관 온도는 0~18℃가 좋으나, 냉동 보관 시에는 소량씩 보관하는 게 좋습니다. 보관할 때와 사용할 때의 온도 차이가 심해지면 맛의 변화 역시 빨라지집니다. 냉동 원두의 해동은 실온에서 자연적으로 하는 게 바람직합니다.

2) 원두 계량 트레이

대규모 커피회사나 중소규모 로스팅 공장에서 커피를 볶을 때에는 대개 대량으로 하게 됩니다. 이럴 경우에는 불량두를 가려내는 핸드픽(Hand Pick)이 어렵기 때문에 상태가 나쁜 결점원두(벌레먹은 콩, 미성숙 콩, 껍데기만 있는 콩, 탄 콩 등)가 섞여 있을 수 있습니다. 이런 불량두는 잡미의 원인이 되므로 가려내고 제거해야 최상의 커피맛을 기대할 수 있습니다.

트레이는 계량과 동시에 결점두를 잘 구별할 수 있도록 해주는 기구입니다. 따라서 모양은 상관 없지만 색상은 흰색을 권장합니다.

3) 저울

정확한 계량을 하고, 일정 시간을 맞추고 시간에 따라 맛도 차이가 나므로 무게와 타이머가 같이 부착된 것을 추천합니다.

4) 분쇄기(그라인더)

맛있는 커피를 만드는 첫째 조건이 분쇄기(그라인더)라고 해도 과언이 아닙니다. 많은 그라인더가 있지만, 일반적인 핸드드립용으로는

100g에 10만원? 너는 무슨 맛이니?

희귀 원두 '브루봉 포앵튀'는 프랑스 루이 15세가 사랑한 전설의 커피, 문호 발자크(프랑스의 소설가, 하루 50잔 이상의 커피를 마셨다는 애호가)가 사랑했던 커피입니다.

브루봉 포앵튀는 인도양 브루봉 레위옹 섬에서 프랑스 회사가 재배했던 커피나무입니다. 원산지 에티오피아에서 브루봉(Bourbon)이라는 돌연변이종이 탄생하였는데, 20세기에 멸종하여 이후로는 생산되지 않았습니다. 그러다 2007년 일본의 대표적인 커피회사 UCC의 우에시마 대표와 직원이 현지 주민과 같이 3년을 찾아 헤맨 끝에 브루봉 커피나무 원종을 발견하게 되었고, 이후 재배에 성공하면서 부활했습니다.

이 원두는 가늘고 작으며, 끝이 뾰족한 모양을 가지고 있습니다. 고베에 있는 UCC커피박물관에 있는 럭셔리한 카페에서 브루봉 포앵튀를 판매하고 있는데, 한 잔에 2만5000원이며, 하루 5잔만 판매하는 귀한 커피입니다.

이곳에서 원두를 구입해 아버지께서 직접 내려주셨던 기억이 납니다. 그 맛은 오묘하고 황홀했습니다. 잡미가 한 점도 없는 데다 밸런스가 너무 좋아 뭐라고 표현하기가 어려울 정도였습니다. 목넘김 역시 부드럽고 매끄러웠으며, 잔향이 2m 이상 전해질 정도로 진했습니다. 그래서 마시고 난 후에도 그 향기가 오래도록 남아 있었습니다.

후지로얄 전동 그라인더와 칼리타 NEXTG가 무난하며, 약배전 커피에는 말코닉이 좋은 수율을 발휘합니다.

니트로 블레이드라는 전동 그라인더는 스테인리스 소재를 칼날로 사용합니다. 분쇄 입도가 정교하면서도 미분이 적기 때문에 약배전 커피를 내릴 때 유리합니다

칼리타 NEXTG 전동 그라인더는 정전기 제거 기능이 부착되어 마찰력이 적고 분쇄 단계가 15단계로 선택의 폭이 넓습니다. 반면, 후지로얄 전동 그라인더는 소규모 찻집이나 가정용으로 적합하며, 미분이 적기 때문에 강배전 커피를 핸드드립으로 내릴 때 좋다고 할 수 있습니다.

핸드밀(Hand Mill)로는 독일의 자센하우스(Zassenhaus, since 1867)가 유명하지만, 최근에는 코만단테(Comandante) C40이 국내는 물론 세계적으로도 많이 애용되고 있습니다.

5) 미분체

미분(커피의 미세한 가루)은 커피 가루의 표면적이 크므로 잡미를 내는 주요인이 됩니다. 하지만 미분을 완전하게 거르면 약간 밋밋해질 수도 있습니다. 미분과 실버스킨을 제거하는 차윙이란 기계도 있지만, 고가이므로 망사가 촘촘한 가는 체를 권합니다.

커피원두에 남아 있는 실버스킨도 커피가루에 흡착하여 원활한 추출을 방해하는 요인이 됩니다. 따라서 가능한 한 날려버리는 게 좋습니다.

미분체는 필터에 끼어 원활한 추출을 방해하는 미분을 제거하는 역할을 합니다. 일반적으로 페이퍼 필터의 구멍은 0.02mm이며, 융은 0.08mm 내외로 알려져 있습니다. 또 입자를

골고루 섞어주는 역할도 합니다. 균형 잡힌 맛을 내는 데 유리합니다. 또 정전기를 방지함으로써 분쇄할 때나 드리퍼에 옮길 때 미분이 들러붙거나 날리는 걸 줄일 수 있습니다.

6) 온수기

온수기는 대개 커피전문점 등에서 빠른 대응을 위하여 사용하게 됩니다. 직수방식과 급배수 방식이 있으며, 물의 온도를 일정하게 유지해주는 기능으로 균일한 맛을 추구하는 데에도 유용합니다. 가정에서는 전기포트를 주로 사용합니다. 요즈음에는 온도를 표시해 주거나 드립포트를 겸한 전기포트도 사용되고 있습니다.

7) 드립포트

드립포트는 핸드드립의 꽃이자 평생을 같이 갈 동반자입니다. 처음 준비할 때 특별히 주의해서 선별하고 구입해야 합니다. 드립포트 중에서는 다카히로 시즈쿠가 권장됩니다. 전문가와 소비자들의 의견을 충분히 듣고 반영해서 만들었기 때문에 기존 드립주전자의 단점을 잘 보완한 제품입니다. 이 제품은 특히 주둥이가 다른 주전자보다 가늘고 길게 만들어져 있습니다. 커피가루와 주전자 사이의 간격을 너욱 기깝게 가져갈 수 있기 때문에 잡미가 적고 목넘김이 부드러운 커피를 기대할 수 있습니다. 또 가늘고 일정한 물줄기 유지에 유리하며, 굵기 조절, 부드러운 회전과 일정한 폭 유지도 비교적 잘 됩니다.

8) 드리퍼

드리퍼라고 해서 똑같은 맛을 내는 것은 절대 아닙니다. 각 회사마다 표출하고 싶은 맛을 내기 위하여 오랜 연구결과 만들어진 것이므로 제품마다 특성이 있습니다. 세월을 따라 단점을 보완하고 장점을 더하면서 소비자의 니즈나 시대의 요구에 따라 계속 발전되는 것이 드리퍼입니다.

수많은 드리퍼가 출시되어 있지만, 기본적으로 정평이 나 있는 것이 무난합니다. 개인적으로 웨이브, 고도, 하리오, Paper Less 오리가미, 융을 선호하는 편입니다. 커피는 기호품이고 선택의 폭 역시 넓습니다. 그러므로 본인의 취향에 맞는 드리퍼를 찾아야 합니다.

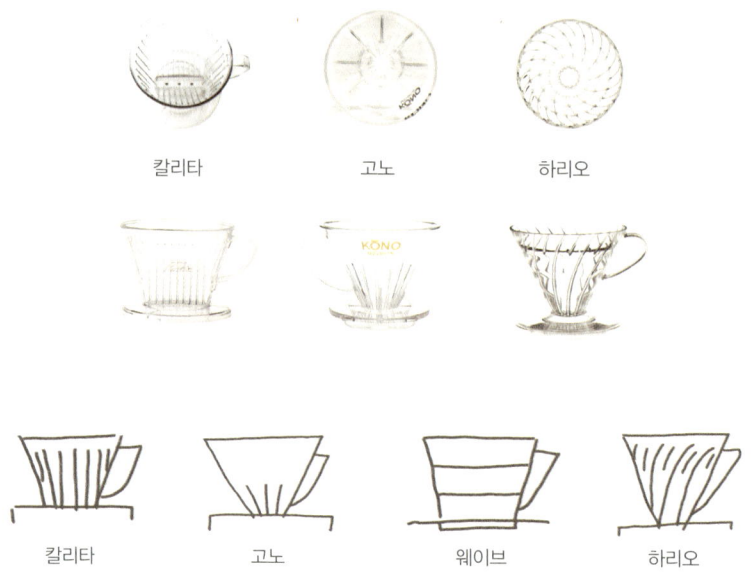

9) 서버(유리포트)

드리퍼에서 추출된 커피를 담는 유리 용기입니다. 강화유리로 만든 포트이지만, 직화는 불가능하므로 주의해야 합니다. 눈금이 정확한 것을 선택하되, 가급적 정품을 구입해서 사용해야 내구성이 좋습니다.

10) 필터

필터를 전구에 비춰보면 펄프 소재의 함량에 따라 투명도가 다르게 보입니다. 두껍다고 다 좋은 것도 아니고 얇다고 해서 나쁜 것은 아닙니다. 하지만, 두께가 얇은 제품의 경우 정품이 아닌 모조품일 가능성이 높습니다. 얇은 필터는 내구성이 떨어지고 필터링의 정도가 약해서 잡미가 추출되게 됩니다.

이럴 때에는 두 겹으로 겹쳐서 추출하면 잡미를 줄일 수 있습니다. 초강배전 원두에 2겹 필터를 적용하면 맛 성분이 걸러지면서 쓴맛이 약간 감소합니다.

브라운 필터는 약간의 냄새가 나기도 합니다. 이 때문에 냄새에 예민한 사람은 거북하게 여길 수도 있습니다. 흰색은 산소 표백을 거쳐 만들어진 제품이고, 오랜 연구와 개발을 거쳐 만들어진 것이므로 정품을 사용하는 게 안전합니다. 코튼(Cotten) 재질을 섞어서 두껍게 만든 필터는 드리퍼와의 밀착상태가 좋지 않을 수 있습니다. 이 때문에 리브의 영향을 못 받게 되면서 과소추출 가능성이 커집니다.

칼리타, 고노, 하리오 등 핸드드립용 종이 필터는 대개 양면이 다르게 만들어져 있습니다.

각, 회사에서 연구 끝에 만들어진 구조인 만큼 그 이유에 대해 이해할 필요가 있습니다.

① 필터 안쪽 면이 약간 매끄럽게 만들어진 제품(칼리타, 하리오)은 물의 흐름을 빠르고 용이하게 해주기 때문에 원활한 추출이 가능합니다.

② 필터 안쪽 면이 약간 돌출되게 만들어진 제품(고노, 하리오)은 불순물이나 침전물을 걸러내는 동시에 보수력을 좋게 하기 위한 구조로 깊은 맛을 추구할 때 유리합니다.

11) 온도계

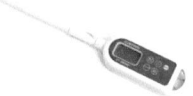

배전 정도에 따라 적절한 물 온도를 선택해야 하므로 온도계는 필수품입니다. 물의 온도가 2℃ 이상 차이가 나면 쉽게 느낄 수 있으며, 눈금식보다는 디지털 온도계를 준비하는 것이 여러모로 편리합니다.

배전도와 온도의 상관관계에 따라 커피맛은 대개 다음과 같이 달라집니다.

- 강배전 : 81~83~82℃ 온도가 낮을수록 쓴맛 감소
- 중배전 : 88~90℃ 온도가 낮으면 과소추출
- 약배전 : 90~93℃ 온도가 너무 높으면 과대추출.

12) 롱스푼

추출된 커피를 바닥까지 섞을 때와 물 온도를 맞출 때, 추출된 커피의 잡미를 구별할 때 사용합니다.

린싱은 꼭 필요할까?

드립하기 전 종이필터를 한번 적셔주는 것을 린싱(Rinsing)이라고 합니다. 린싱을 하는 것과 하지 않는 것(Non Rinsing)에는 어떤 차이가 있을까요?

과거에는 종이 냄새를 없애기 위하여 드립 전에 먼저 종이필터에 물을 약간 부어 헹구는 린싱이 권장되었습니다. 하지만 요즈음에는 종이의 질이 좋아지고 품질 역시 많이 개선되면서 린싱의 필요성이 없어지는 추세입니다. 실제로 아주 미미한 종이 냄새는 커피 향에 의해 거의 느껴지지 않습니다. 하지만 맛에서는 여전히 차이가 큰 것으로 알려져 있습니다.

Rinsing과 Non Rinsing의 차이를 정리하면 다음 표와 같습니다.

구 분	Rinsing(적시는 것)	Non Rinsing(적시지 않는 것)
드립 특징	뜸의 부풀어 오름이 적다	뜸이 쉽게 부풀어 오른다
맛의 특징	강배전일 때 쓴맛이 감소하여 부드러운 맛의 커피	약간의 쓴맛이 나올 수 있다
전체 느낌	상쾌한 맛의 커피	깊은 감칠맛의 커피
권장 타임	깔끔하여 아침에 마시기 좋은 커피	바디감이 좋아 낮과 밤에 적합
추천 원두	초강배전(이탈리안 또는 프렌치 로스트)	스페셜티, 특수 원두, 약배전 원두

필터에 물을 부으면 페이퍼와 드리퍼가 밀착되기 때문에 가스의 빠짐이 원활하지 못하게 되고, 그에 따라 분쇄 원두와 원두 사이에 가스가 머무르게 되는 문제가 생길 수도 있습니다. 이럴 경우에는 커피 가루에 물이 원활하게 통과하지 못하고 지연되면서 정확한 추출이 어려워지게 됩니다.

13) 커피잔

커피의 맛을 정확하게 황홀하게 만끽하고 싶다면 커피잔의 선택에도 주의를 기울여야 합니다. 적절한 잔을 사용하되 럭셔리함까지 고려한다면 더욱 우아한 멋을 추구할 수 있습니다.

일반적으로 강배전 커피는 쓴맛과 단맛을 잘 느낄 수 있도록 120~140ml 정도의 커피잔을 선택하는 것이 좋습니다. 입에 닿는 부분이 직선이거나 컵 끝부분이 둥그스름한 게 강배전 커피의 맛을 잘 느낄 수 있게 해줍니다.

반면, 약배전 커피는 혀 부분을 전체적으로 머금을 수 있게 뒤로 약간 더 젖혀진 형태, 즉 얇은 촉감을 가진 도자기 제품이 어울립니다. 시각적 효과로 도자기 색의 안쪽 면이 흰색이면 깔끔한 맛을 더해줍니다. 푸른색 계열은 쓴맛을 감소시킵니다.

요즈음은 스페셜티 커피가 대세가 되면서 예전의 전통적 커피잔보다 찻잔(Teacup) 스타일이 많이 권장되고 있습니다. 스페셜티는 약간 식혀 마셨을 때 향미를 더 잘 느낄 수 있습니다. 그래서 오목한 모양의 커피잔보다는 찻잔에 가까운 모양과 디자인이 더 잘 어울립니다.

> **Tip.** 커피잔 잘 잡는 법
>
> 커피잔 손잡이에 손가락 검지를 넣지 않고 손잡이에 엄지와 검지 끝부분을 옆으로 걸쳐 잡는 게 좋습니다. 그렇게 해야 커피잔의 무게 중심이 입술 앞으로 모아지면서 충분한 양의 커피가 입안으로 들어오기 때문입니다. 한번 마실 때 충분한 양의 커피가 혀에 닿고 곳곳으로 퍼져야 커피 맛과 향을 확실히 느낄 수 있습니다. 또 커피가 커피잔 가장자리로 흐르는 것도 방지할 수 있습니다.

> **Tip.** 세계 최고의 도자기 마이센
>
> 독일의 마이센, 덴마크의 로얄 코펜하겐, 영국의 웨지우드를 세계 3대 명품 도자기라 부릅니다. 이 중에서도 독일의 마이센은 세계 최고의 명품 도자기입니다. 마이센은 독일의 드레스덴 마이센 지방에서 생산되는 세계 제일의 백토를 사용합니다. 핸드 페인팅으로 장식된 아름다운 잔으로 입과 혀가 닿는 부분의 정확한 각도로 한 모금의 양까지 계산한 과학적인 공법으로 제작됩니다.

아픈 기억 속의 제자

30대 때의 일입니다. 웨지우드가 최고의 도자기로 알려지면서 웨지우드 홈세트를 갖는 것이 선망이었던 시절이 있었습니다. 그 무렵 영국에 거주 근무하던 지인으로부터 어렵게 구입한 웨지우드 홈세트를 가보로 간직해왔습니다. 황실무늬의 아름다운 도자기 세트로, 그걸 볼 때마다 10년 모은 돈을 다 들이길 잘했다는 생각을 하게 됩니다.

웨지우드 하면 조이아카데미 수강생 중 짠한 기억으로 남아있는 제자가 떠오릅니다. 그분은 유방암이 재발되어 수술 후 힘들게 항암치료를 하고 있었습니다. 그러면서도 커피교실은 빠지는 일이 없었습니다.

어느 날은 조금 늦게 도착했는데, 간호사가 말리는 바람에 늦었다며 미안해 했습니다. 입원 중이라 가지 말라고 했지만, 커피공부가 자신의 유일한 힐링이자 행복이라고 얘기한 끝에 간신히 외출을 허락받았다는 겁니다. 학생들 모두는 너무 놀랐고 감동했습니다. 그래서 전원이 다시 손을 씻고 그분을 배려하며 더욱 진지하게 수업에 임했습니다.

저 역시 가슴이 너무 아파 멍한 상태로 수업을 진행했습니다. 커피가 유일한 행복이라는 제자의 고통을 조금도 덜어줄 수 없다는 사실이 안타까웠습니다. 그러다 문득 '커피를 행복하게 내리고 즐겁게 마실 수 있도록 커피잔을 선물하자'는 생각을 하게 됐고, 졸업할 때 아끼던 웨지우드 찻잔을 선물로 드렸습니다. 지금도 그 찻잔만 보면 너무나 환하게 웃으며 행복해하던 그분의 얼굴이 떠올라 저 또한 행복해집니다.

웨지우드의 환희 때문일까요? 그 후 그분은 완치되어 가족과 함께 행복한 시간을 보내고 있습니다. 아침마다 커피나눔을 통해 사랑을 실천하는 것도 잊지 않고 있다고 합니다.

이슬커피 드립 자세

1) 기본 자세

드립포트를 잡는 손은 부드럽게 힘을 빼고 둘째 손가락에 포트의 무게를 얹는 느낌으로 잡습니다. 엄지손가락은 살짝 얹기만 하는데, 엄지손가락에 힘은 주면 안됩니다. 드리퍼의 넓이가 크면 팔을 조금 더 벌려야 합니다. 이때 팔과 겨드랑이의 각도가 중요합니다.

물은 붓는 것이 아니라 물을 커피가루에 얹는다는 느낌으로 부어주어야 하며, 나의 몸과 포트가 일체되어 습관처럼 내려야 합니다. 포트를 잡지 않은 손은 편하게 놓되, 포트를 잡은 손은 가급적 몸과 가까이 가져가도록 합니다.

몸의 중심은 포트를 잡은 손 쪽으로 두고, 포트를 잡은 손 쪽의 발은 약간 앞으로, 반대쪽 발은 약간 위로 향하면 좋은 자세가 됩니다. 이때 뒷발꿈치가 아주 조금 들린 상태로 포트를 잡아 몸이 약간 앞으로 쏠리는 느낌이면 더욱 좋습니다. 이런 자세를 취해야 집중력 발휘에 좋으며, 장시간 드립 시에도 피로감 없이 안정감 있는 자세로 드립에 임할 수 있습니다.

포트를 잡는 위치는 손잡이 중간에서 약간 위쪽을 잡는 것이 안정적이어서 좋습니다. 드립포트의 물양은 50%가 적당하나, 개인이 편한 양을 선택하면 됩니다. 드립포트의 뚜껑은 덮지 않아도 좋지만, 물이 빨리 식는 포트나 정밀성과 정확성을 요하는 점드립의 경우에는 뚜껑을 덮고 하는 게 안정적입니다.

불가피한 경우가 아니라면 앉아서 드립하는 것은 지양해야 합니다. 무게의 중심이 아래에 있으면 동작에 제한을 받아서 원활한 추출이 이뤄지지 않습니다.

2) 물줄기 연습

핸드드립에서 가장 중요한 기술은 물줄기를 자유자재로 조절하는 조정능력입니다. 일정한 물줄기는 커피의 맛을 좌우하는 결정적 요소가 됩니다. 따라서 충분한 연습을 통해서 커피가 가지고 있는 풍부한 맛과 향을 제대로 끌어낼 수 있어야 합니다. 잘 추출된 커피는 진하면서도 부드러운 느낌을 주기 때문에 누구나 좋아합니다.

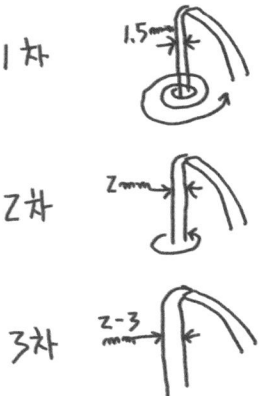

물줄기의 굵기는 아래 3가지가 적당합니다.

- 가는 물줄기 1~2mm
- 중간 물줄기 2~3mm
- 굵은 물줄기 3~5mm

커피가 좋아하는 물줄기는 수구에서 떨어지는 물의 힘이 전혀 느껴지지 않는 물줄기입니다. 손가락 끝부분에 부었을 때 닿는 물의 느낌이 느껴지지 않는 정도의 굵기와 높이의 물줄기라고 보면 됩니다.

이슬커피 드립 방식

1) 재료 및 장비

① 재료 및 장비의 기준

② 추출비율 : 1차, 2차, 3차 추출의 추출비율은 3:5:2의 양으로 합니다.

　1차 추출의 30%는 맛을 결정하고, 2차 50% 추출은 농도 조절, 3차 20%는 양 채우기입니다.

　1차 추출이 뜸+일반 1차 추출이므로 약간 많은 양의 커피를 써야 산미와 단맛이 더해집니다. 3:5:2 레시피로 추출 시 쉽게 동일한 맛을 낼 수 있습니다.

③ 추출과정 (원두 24~30g, 커피 추출량 240~300ml 기준)

　일반 드리퍼의 경우 아래 도표를 참고하면 됩니다.

　단, 고노 드리퍼는 예외입니다. (뒤쪽 〈이슬커피 드립의 적용〉 참조)

④ 추출시간

　전체 추출시간은 원두의 종류나 추구하는 맛에 따라 조금씩 달라질 수 있습니다. 일반적으로는 250ml 추출 시에는 2분에서 2분 20초, 300ml 추출 시에는 2분 20초~3분 이내가 권장됩니다.

항 목	기 준	비 고
분쇄도	5(배전도와 무관)	후지로얄 그라인더 기준
원두량	제한 없음	
배전	제한 없음	
물 온도	배전도에 따라 맞춤	아주 강배전은 82~85℃ 이하
드리퍼	제한 없음	

순 서	물줄기(mm)	시간(초)	방 식
1차	1		전체를 나선형을 그리며 덮는 이미지로 드립한다. 이때 종이에 물이 가면 안 된다.
	1.5	40초~50초	중심으로 돌아와 10원짜리 동전 크기로 시작하여 속도는 보통보다 천천히 진행한다. 이때 아주 가는 생크림 같은 기포가 생성된다. 시간은 30~40초, 물량은 드립 총액의 30%까지. 250ml - 70ml~80ml, 300ml - 90ml~100ml
			부풀어 올랐던 동전 크기의 거품이 살짝 평면화될 때까지 살짝 멈춘다. (멈추는 시간 10~12초)
2차	2	50초~2분	100원짜리 동전 크기를 벗어나지 않도록 천천히 드립한다. 250ml-130ml~140ml, 300ml-150ml~100ml
3차	2~3	2분~2분 20초	**양채우기이므로 나눠도 좋고 그냥 해도 좋다. 중앙에서 약간 굵은 물줄기로 수위를 즐겨도 좋다** 250ml-30ml, 300ml-60ml

2) 기본 드립순서

이슬커피를 만들기 위한 기본적인 드립 순서는 다음과 같습니다. (원두 30g 300ml 추출 기준)

① 1차 드립
- 드리퍼에 정량의 분쇄 원두(미분제지)를 넣고 평평하게 합니다.

- 1mm의 물줄기로 중심에서부터 2~3바퀴 작게 돌려 전체로 나선형을 그립니다.
- 페이퍼 가장자리(5mm) 전까지 전체를 적시는 느낌으로 드립을 진행합니다.
- 여기서 쉬지 말고 중심으로 다시 돌아와 가운데(레일 중심)에 아주 가는 물줄기로 살짝 붓습니다.
- 배꼽 같은 모양이 생기면 거기서부터 천천히 제자리 돌리기를 합니다.
- 추출량의 30% 정도가 될 때까지 드립을 합니다. (이때 물 붓는 힘이 세면 과다추출이 일어날 수 있으니 가볍게 얹는 기분으로 붓습니다.)

  (커피 거품 색깔이 약배전 원두는 노랗게, 강배전 원두는 갈색으로 올라옵니다.)
- 이 색이 보이면 1원짜리 크기로 90~110ml까지 추출합니다.

➔ **추출시간 : 40~50초**

② **2차 드립**
- 1차 드립 때 부풀어 오른 곳(커피 빵 모양)이 가라앉을 때까지 10~12초가량 기다립니다.
- 조금 들어간듯해지면 중심에서 나선형으로 천천히 나아가기 시작합니다.
- 100원짜리 정도의 크기(드리퍼의 지름의 2/3)로 커피 둑을 만듭니다.

  그러면 나머지 1/3은 커피 층이 얇으므로 자연 흡수가 이루어집니다.
- 커피색의 변화에 따라 중심에서 바깥쪽으로, 바깥쪽에서 안쪽으로 포트를 움직여 원을 만듭니다. 이때 페이퍼 가장자리에서 수위가 올라오는 것이 보여야 합니다.
- 수위를 드리퍼 2/3 지점까지 올린 상태에서 2차를 마무리합니다.
- 200~220ml까지 추출합니다.

➔ **추출시간 : 1분~1분 50초**

③ 3차 드립

- 2차 드립에서 올라왔던 수위가 내려가면서 250~260ml가 되면 3차에 들어갑니다.
- 1차 드립의 10원 모양으로 2~3mm 물줄기로 돌려줍니다.
- 280ml까지 양을 채우고 드리퍼 2/3 이상으로 수위를 올립니다.
- 그 상태에서 300ml까지 기다립니다.
- 정량이 되면 드리퍼를 서버에서 분리합니다.
→ 추출시간 : 2분~2분 10초

※ 드리퍼에 남은 물은 잡미이므로 버립니다.

④ 4차 드립

4~5인분 이상 드립을 할 때 하게 됩니다. 3차 드립과 동일하게 추출하면 됩니다.

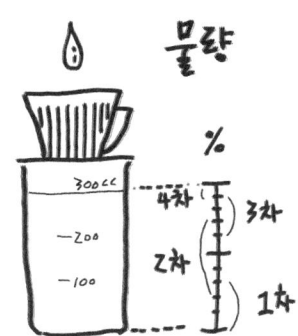

3) 주의할 점

제자리 돌리기를 잘해야 합니다. 중심부가 커피의 층이 제일 두꺼운 곳으로 커피의 다양한 풍미를 뽑아낼 수 있는 창고이기도 합니다. 따라서 제자리 돌리기로 커피가 가지고 있는 진미(커피 고유의 여러 가지 향미 성분)를 충분히 뽑아내야 합니다.

제자리 돌리기는 중심부로부터 바깥쪽으로 교반이 이루어지게 하는 기초 작업이기도 합니다. 그러므로 세심하고 꼼꼼하게 진행해야 합니다.

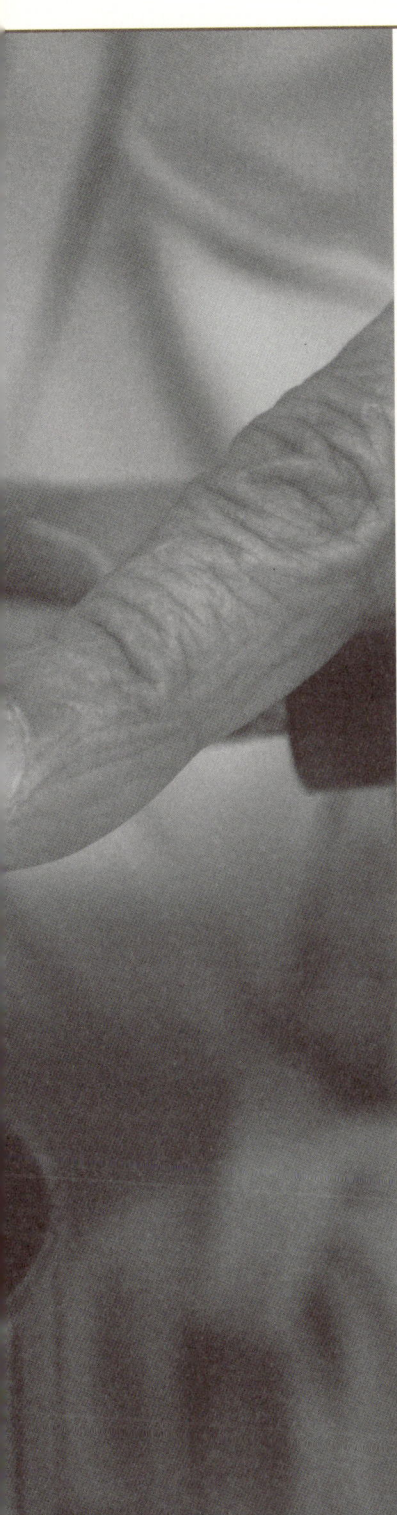

Chapter 3
이슬커피 드립의 적용

칼리타 드립

고노 드립

웨이브 드립

하리오 드립

해바라기 드립

오리가미 드립

융드립

점드립

칼리타 드립

칼리타는 핸드드립의 기본이자 정통이라고 할 수 있습니다. 오랜 역사적 전통을 가지고 있는 만큼 수많은 사람들이 애용하고 있는 제품이기 때문입니다. 칼리타 드립법을 잘 익히고 나면 다른 드립에도 좀 더 편하게 도전할 수 있습니다. 구조와 원리만 조금씩 다를 뿐 기본적인 자세나 드립 방법에는 큰 차이가 없기 때문입니다.

1) 칼리타 드리퍼의 구조 및 특성

아래쪽이 길게 눌려진 형태로 그 바닥에 작은 구멍이 3개가 뚫려 있는 모양입니다. 안쪽의 긴 리브가 추출 속도를 빠르게 하고, 옆면의 작은 리브도 추출 속도를 도와주는 역할을 합니다. 미분이나 물이 고이는 것을 최대한 방지하는 동시에 물흐름이 원활하도록 만들어져 있어서 깔끔하고 균형잡힌 맛, 세련된 맛의 커피를 추구할 수 있는 구조입니다.

2) 커피원두의 종류와 양

커피원두는 약배전에서 초강배전까지 다양하게 사용할 수 있습니다. 하지만 품질이 뛰어나고 개성이 강한 원두일 경우에는 중배전 커피를 주로 쓰게 됩니다. 그래야 특유의 맛과 향을 끌어낼 수 있기 때문입니다.

1인분은 10g을 기본으로 합니다. 이 1인분을 기준으로 인원수가 추가됨에 따라 10g씩 추가하면 됩니다. 예를 들면 1인분의 경우 10g+10g=20g으로 200ml를 추출하거나 2인분은 20g+10g=30g으로 300ml를 추출하는 것입니다.

4인분 이상이면 8g을 1인분으로 잡아도 되며, 초강배전 원두의 경우에도 양을 조금 줄여서 추출하기도 합니다. 원두는 계량스푼으로 사용하기보다는 반드시 저울에 달아서 정확하게 계량해야 합니다. 배전도에 따라서 부피가 많이 달라지기 때문입니다.

3) 배전도와 분쇄도

칼리타에 맞는 배전도는 일반적으로 중배전에서 중강배전이 권장됩니다. 8단계로 본다면 하이(High)나 시티(City)로 로스팅된 원두를 중간보다 약간 굵게 갈아서 3~4회 나누어 추출하는 게 좋습니다.

단, 세라믹 소재의 드리퍼는 반드시 보온을 해야 하며, 정상보다 약간 싱겁게 추출될 수도 있으므로 분쇄도를 조금 더 낮추어서 추출하는 게 바람직합니다.

분쇄도는 황설탕 굵기(그래뉼)를 중간 정도의 굵기로 이해하고 조정하면 됩니다.

- 강배전 : 중간 굵기나 그보다 약간 가늘게
- 중배전 : 중간 굵기나 그보다 약간 굵게
- 약배전 : 굵은 크기로 입자 설탕 굵기로 하거나 약간 더 굵게

정해진 배전도에서 기본크기보다 굵게 분쇄하면 양을 늘려서 추출하고, 기본크기보다 가늘게 분쇄한 경우에는 양을 줄여서 추출해야 정상적인 맛을 낼 수 있습니다.

4) 물의 종류와 온도

드립 시 사용되는 물은 정수된 물이 권장되며, 원활한 추출과 위생을 위하여 반드시 끓인 물을 사용해야 합니다. 드립포트의 물 온도는 온도계를 사용하여 맞춰줍니다. 드립포트와 서버를 이용해서 끓는 물을 번갈아 옮겨주는 과정을 통해 적절한 온도를 맞출 수 있습니다. 물의 온도는 양과 계절에 따라 약간의 편차가 생깁니다. 일반적으로는

- 초강배전(프렌치나 이탈리안 로스팅) 82~85℃
- 강배전 82~85℃
- 중배전 85~88℃
- 약배전 90~93℃

정도가 적당한 것으로 알려져 있습니다. 강배전에서 온도가 낮을수록 쓴맛이 감소되며, 약배전에서 온도가 높을수록 신맛이 감소되고, 온도가 낮을수록 떫은맛이 나옵니다.

5) 드립 방법

① 기본 준비물

중배전이나 중강배전 원두, 칼리타 드리퍼, 칼리타 드립필터, 유리서버, 드립포트, 저울과 타이머, 온도계, 미분체

② 미분 제거

분쇄한 원두를 고운 미분체에 담은 다음 2~3회로 나누어서 쳐낸다. 경우에 따라 다르지만 대개 7~10% 정도의 미분이 이 과정을 통해 걸러지게 됩니다. 이를테면 30g의 원두를 분쇄하여 미분체에 치면 약 2~3g 정도의 미분과 실버스킨이 제거됩니다.

미분 제거는 3가지 측면에서 긍정적인 효과를 기대할 수 있기 때문에 커피추출에서는 반드시 거쳐야 할 과정으로 봅니다. 핸드드립에서 미분 제거는 우선 미분체로 치는 과정에서 분쇄한 커피입자가 고르게 섞임으로써 원활한 추출에 도움을 줍니다. 다음으로 그라인딩 과정에서 발생하는 미분이 드립필터의 0.02mm 구멍에 끼어 추출을 방해하는 것을 방지해 줍니다. 또 실버스킨을 제거함으로써 물의 흐름을 방해하거나 물길을 만들게 되는 요인을 줄여 줍니다.

단, 미분을 필요 이상으로 많이 걸러내면 전체적인 맛이 밋밋해질 수 있으므로 적절하게 조절할 필요가 있습니다.

③ 추출 준비와 자세

빨리 식는 것을 방지하기 위해서는 추출 진에 간과 서버는 뜨거운 물로 데워서 보온상태로 셋팅하는 게 좋습니다. 커피는 뜨거울 때부터 식을 때까지 즐기는 음료이지만, 식어버리고 나면 아무래도 향미가 떨어지기 마련입니다.

추출은 어깨와 팔, 손에 힘을 뺀 상태로 시작해야 합니다. 정성을 다하는 마음가짐으로 집중하되, 물을 붓는 것이 아니라, 커피 위에 살며시 얹는 느낌으로 진행해야 합니다. 물줄기는 90도 각도로 살포시 내려야 하고, 거품을 따라가되 앞지르면 안 됩니다.

④ **뜸들이기(불림)**

신선도가 좋은 원두는 추출 양의 10%~15%의 물로 충분히 뜸을 들입니다. 예를 들면 300ml 추출 시에는 30~45ml 정도가 적당합니다. 약배전이나 오래된 원두는 15~20%의 물을 올려서 뜸을 들입니다. 뜸은 커피맛의 70%를 좌우하는 요소이므로 중요하게 여겨야 합니다.

뜸들이기는 추출 전에 적당한 물을 고르게 주입함으로써 커피가 가지고 있는 성분을 원활하게 뽑아낼 수 있는 환경을 만들어주기 위함입니다. 원두의 종류나 여건에 따라 시간은 20~50초 사이에서 결정하면 되지만, 보통의 경우 30초 전후가 무난합니다.

물을 줄 때에는 드리퍼 중앙에서 밖으로 나선 모양을 그리면서 얹어줍니다. 이때 드립필터 가장자리에서 5~7mm 정도에는 물을 주지 않아야 하며, 초보일수록 가는 물줄기로 천천히 나선형을 그리는게 좋습니다.

이렇게 물을 주고 나면 서버로 커피 엑기스가 방울방울 떨어지거나 아주 가늘게 추출되게 됩니다. 그러면 물 주입을 멈추고 30초 가량 기다립니다.

⑤ **추출하기**

실제 드립에 들어가면 물줄기의 굵기, 주입속도, 물의 양 등을 잘 맞춰야 합니다. 일반적으로 다음과 같이 조절하면 무난합니다.

- 1차 드립 : 20~30% 주입, 300ml 추출 시 60~90ml 추출
- 2차 드립 : 40~50% 주입, 300ml 추출 시 120~150ml 추출

- 3차 드립 : 20~30% 주입, 300ml 추출 시 60~90ml 추출
- 4차 드립 : 양 채우기 (3차에서 양이 찼다면 생략)

⑥ 1차 드립

커피가 약간 갈라지거나 윤기가 없어지면 1차 드립에 들어갑니다. 드리퍼 중앙에서 가는 물줄기로 100원 크기의 동전 모양을 만듭니다. 속도는 아주 천천히 하여 엑기스가 추출되도록 합니다.

⑦ 2차 드립

부풀어 오른 곳이 조금 평평해지면 중앙에서 시작하여 100원 크기보다 조금 크게 거품을 따라 한 바퀴씩 나아갑니다. 커피 둑을 만들되, 드리퍼 가장자리 1~1.5cm의 간격에는 드립을 하지 않도록 합니다. 둑이 만들어지면 가장자리는 커피층이 얇으므로 가늘게, 천천히 주입해야 합니다. 칼리타 드립의 경우 아래쪽 드리퍼 구멍 3개로 커피가 균일하게 흘러내리는 것이 좋습니다.

⑧ 3차 드립

2차와 동일하게 하되, 중앙 부분이 많이 부풀거나 색이 까맣게 되면 중앙으로 천천히 돌아와 드립 해줍니다.

⑨ 4차 드립

전체의 양을 채웁니다. 정해진 양이 차면 드리퍼를 빨리 서버에서 분리합니다. 드리퍼에 남은 물은 잡미이므로 버립니다.

이때 원두가공방식이 내추럴 방식이면 잔여물이 조금 넉넉할때 드리퍼를 옮기는 것이 잡미를 줄입니다.

6) 칼리타 이슬드립

칼리타 드리퍼는 한쪽이 납작한 태형입니다. 그래서 3회~5회로 나눠서 진행하게 되는 일반드립 시 물의 수위가 올라가면서 밑부분에 정체 현상이 일어나게 되고, 결과적으로 잡미가 추출되는 문제가 생길 수 있습니다.

하지만 이슬커피 드립법을 적용할 경우 뜸과 1회 추출을 한 번에 진행함으로써 정체현상을 최소화합니다. 즉, 물 주입과 함께 공기와 물의 활발한 교반을 통해 자연스러운 추출이 이뤄진다는 것입니다.

물 빠짐이 원활하다는 것은 곧 분쇄도의 영향을 거의 받지 않는다(후지로얄 분쇄기 5번 기준)는 얘기가 됩니다. 3회 정도도 나눠 추출할 경우 빠른 추출이 이뤄지며, 깔끔하고 다양한 맛의 커피가 연출됩니다. 추출비율은 3:5:2가 적당합니다.

① 준비물

중·강배전 원두 33g, 칼리타 드리퍼, 드립필터, 유리서버, 드립포트, 저울, 온도계, 미분체

② 드립 준비

원두 33g을 분쇄(후지로얄 5번)한 다음 미분과 실버스킨을 제외한 원두 30g을 칼리타 드리퍼(페이퍼 필터)에 담아 수평을 만듭니다.

③ 1차 드립

물 온도 82~86℃, 1mm의 가는 물줄기로 중앙에서 시작하여 나선형으로 원을 그리며 물을 살포시 얹어줍니다. 이때 필터 가장자리 5mm 정도는 물을 붓지 않고 다시 천천히 나선형으로 돌아와 제자리 돌리기를 합니다. 그러면서 거품반경을 10원짜리 동전 크기로 시작하여 500원 크기로 만듭니다.

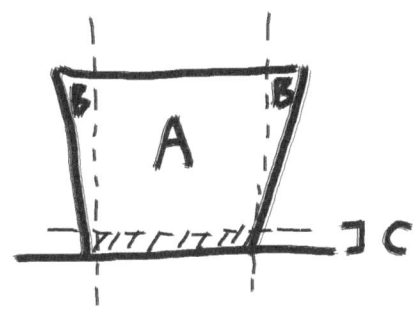

드리퍼 내부 구분

물량은 100~110ml, 시간은 35~45초 사이가 적당합니다. 1차 드립을 마치면 10~12초 기다립니다.

④ **2차 드립**

1.5mm 물줄기로 중앙에서 시작하여 바깥으로 나선형 원월을 그리며 드립합니다. 이때 드립영역은 커피 면적의 50%까지로 하되, 초강배전 커피의 경우에는 100원짜리 동전 크기로 천천히 진행합니다.

중앙의 거품이 커피색으로 까맣게 되면 다시 중심으로 이동하면서 드립하고, 다시 밖으로 드립하기를 반복하면서 200~230ml까지 이어나갑니다.

여기까지 걸리는 시간은 1분 50초에서 2분입니다.

⑤ **3차 드립**

양 맞추기 과정으로, 500원짜리 농선 크기로 부어줍니다. 2~2.5mm 굵기의 물줄기로 마무리하며, 정량은 300ml, 시간은 2분 20초에서 2분 30초입니다.

7) 칼리타 드립 시의 유의사항

맛있는 성분은 1차 드립 시 거의 추출됩니다. 따라서 되도록 가는 물줄기로 천천히, 정성을 들여 100원 크기의 모양을 만들어야 합니다. 커피원두와 포트 주둥이의 간격은 3~5cm가 적당하며, 커피가루와 물의 각도는 90도를 유지하는 것이 좋습니다. 물줄기의 굵기는 2~3mm로 유지되어야 합니다.

위의 그림은 칼리타 드리퍼의 옆면도입니다. 추출할 때는 상대적으로 커피가루가 많이 쌓여 있게 되는 부분, 즉 A에 집중해서 추출해야 가장 안정적인 맛을 얻을 수 있습니다. 좋은 맛을 내기 위해서는 이 부분에 뜸이 잘 이루어져야 합니다.
가장자리인 B는 상대적으로 커피가루의 층이 얕습니다. 따라서 여기에 물이 많이 주입되면 일정한 추출이 이루어지지 않으면서 잡맛이 생기게 됩니다. 물을 부어서 추출하기보다 스며들어서 추출되는 느낌으로 가는 게 좋습니다. 즉, A에 90도로 물을 얹으면 B로도 자연스럽게 물이 스며드는 이치입니다.
추출할 때는 드리퍼 바닥 부분인 C에 물이 고이는 현상이 생기지 않도록 속도를 조절해야 합니다. 3~4회로 나누어 추출하는 것이 바람직합니다.

고노 드립

고노 드립은 고수의 영역에 속합니다. 추출이 빠르고 집중력도 높아 자칫하면 맛의 균형이 깨어지기 쉬운 반면, 숙달되면 다른 드리퍼에서는 추구하기 어려운 깊고 진하면서도 뒷맛이 깔끔한 커피를 만들 수 있기 때문입니다.

1) 고노 드리퍼의 구조와 원리

고노(Kono) 드리퍼는 융드립과 가장 가까운 맛을 내기 위하여 만들어진 제품입니다. 원추형의 드리퍼 아래에 큰 구멍이 하나 있고, 밑부분의 1/3 지점에 리브가 짧게 부착되어 있습니다. 융에서처럼 드립 시 리브에 필터가 밀착되어 물이 가장자리나 옆으로 새지 않고 중앙으로 모여드는 형태이자, 커피 원액이 고이지 않고 아래쪽 커피 가루를 거쳐 끝부분으로 모여들면서 한 방울씩 떨어지게 되는 구조입니다.

드리퍼와 종이가 밀착되기 때문에 초반에는 맛있는 성분이 쉽게 나올 수 있으며, 중간부터 나오는 떫은맛, 아린맛은 리브 위로 올라가게 되면서 중앙 부분의 진미만 추출되는 원리를 구현한 제품이라고 할 수 있습니다. 그 결과 진하게 빠진 듯하면서도 밸런스까지 좋은 맛을 구현할 수 있게 됩니다. 또 진하면서도 깔끔한 뒷맛이 최대 강점인 커피 연출이 가능합니다. 물이 빠르게 빠지는 구조이므로 얹는 느낌으로 드립을 해야 합니다.

2) 고노 드리퍼의 종류와 특성

1973년 말에 개발된 고노 드리퍼는 깊은 바디와 오일리한 풍미 등 융드립에 가까운 커피맛을 구현시켜주는 제품입니다. 특히 강배전과 약배전 커피로도 오일리하고 부드러운 맛을 추구할 수 있을 뿐만 아니라 클린하면서도 감칠맛이 도는 밸런스가 일품이기 때문에 전문가들의 각광을 받습니다. 고노 드리퍼의 종류와 특선은 다음과 같습니다.

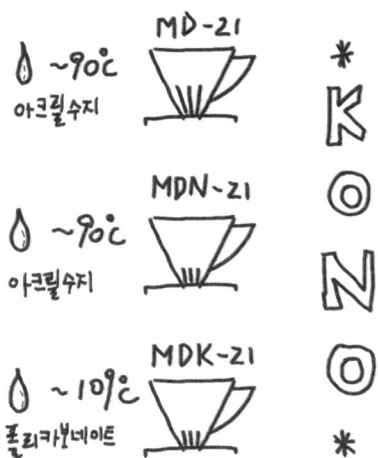

① MD-21

아크릴 재질 / 내열 온도 90℃(중강배전용) / 리브 길이 4.5mm / 구멍 지름 1.5cm

구형 드리퍼로, 리브가 길어 공기와의 접촉이 많고 공기순환이 잘 되기 때문에 커피액과 커피가루가 섞이는 작용도 빨라지는 형태입니다. 긴 리브로 인해 커피의 맛 성분 역시 빠르게 내려가게 되므로 추출 수율과 효율 면에서 충분치 않게 느껴질 수 있습니다. 드립 시간을 길게 잡고 천천히 진행하면 좋은 결과를 얻을 수 있습니다. 부드러운 맛이 특징입니다.

타 입	MD형	MDN형	MDK형
모델명	MD-21 (2인용) MD-41 (4인용)	MDN-21 (2인용)	MDK-21 (2인용) MDK-41 (4인용)
재질	MD-21 : 아크릴 수지 MD-41 : PCT 수지	아크릴 수지	PCT 수지
출시 년도	1973	2005	2015
리브 길이	길다	중간	짧다
추출구 크기	크다	중간	작다
추출 속도	빠르다	중간	느리다
특징	융 드립 커피에 근접한 맛을 낼 수 있다 (실력 여하에 따라). 추출방법에 따라 취향에 맞는 커피맛을 낼 수 있다.	MD형 보다 추출하기 좀 더 수월함	초보자들에게 맞는 형태로 쉽게 커피 맛을 낼 수 있다.

② MDN-21

아크릴 재질 / 내열 온도 90℃(약·중·강배전 공용) / 리브 길이 3.5cm / 구멍 지름 1.5cm 일명 중간 길이 리브로 MD-21보다 추출상황이 더디게 진행됩니다. 초반에 나오는 커피의 신맛은 확실하게 추출됩니다. 깊은 맛까지는 추출하지 못하여 상큼하고 산뜻하나 감칠맛이 다소 떨어집니다.

③ MDK-21

PC(폴리카보네이트) 재질 / 내열 온도 109℃(중강배전용) / 리브 길이 3cm / 구멍 지름 0.7cm(?)

고노에서 출시한 최신형 드리퍼로서 Silky 페이퍼 필터와 잘 맞습니다. 리브 길이가 짧고 아래 구멍이 제일 작은 구조로, 고노 드리퍼의 특징인 물을 잡아주는 부수력이 제일 강하게 작용하도록 만들어진 제품입니다. 공기와 커피액의 교반이 착실하게 이루어져 원활한 추출이 가능합니다. 감칠맛이 좋고, 밸런스가 뛰어난 커피 추출이 가능합니다.

3) 고노 페이퍼 드립필터의 특징

고노 페이퍼 드립필터의 양면은 약간의 요철로 되어있습니다. 공기의 흐름을 좋게 하기 위한 요철로, 보수력 높여 추출하고자 하는 성분을 녹여내기 좋게 만들어져 있습니다. 따라하기 쉽지 않은 기술이어서 모사품을 쓸 경우에는 맛이 다소 떨어질 수 있습니다.

페이퍼 필터는 습기에 약하고 냄새가 잘 배는 재질로 되어 있습니다. 따라서 사용 후에는 밀봉해서 보관하는 게 좋습니다. 고노 페이퍼 필터에는 Cotten 페이퍼, KS-20, Silky 페이퍼 등이 있습니다. 이들과 맞는 드리퍼는 다음과 같습니다.

- Cotten 페이퍼 ⇔ MD-21 드리퍼
- KS-20 페이퍼 ⇔ MD-21 드리퍼 / MDN-21 드리퍼
- Silky 페이퍼 ⇔ MDK-21 (접착력이 강함)

고노 드립필터의 끝부분을 뾰족하게 접어서 드리퍼 구멍 아래로 조금 튀어나오게 세팅합니다. 이 끝부분에서 커피의 진액이 추출됩니다. 드립필터 바깥쪽 면은 리브 위로 밀착되게 만들어져 있고, 안쪽의 돌출된 면은 드립 시 여과효율을 높여주는 역할을 합니다. 또 추출 시간을 지체시킴으로써 추출하고 싶은 성분을 충분히 추출할 수 있게 도와줍니다.

따라서 고노 전용필터가 아닌 다른 종이 필터를 사용하게 되면 보수력이 떨어져서 커피맛이 다르게 추출될 수도 있습니다. 고노 필터는 커피액에 포함되어있는 성분을 여과하는데, 오일과 같이 필터 구멍보다 큰 성분은 여과되지 않다가 시간이 지나 성분이 변형되면서 여과되는 특징을 가지고 있습니다. 그만큼 보수력이 좋게 만들어져 있다는 것입니다.

필터는 습기와 냄새를 잘 흡수하므로 밀폐 비닐에 보관해야 합니다. 이 모든 과정은 많은 연구와 노력 끝에 개발된 것으로, 세간에서는 고노 필터를 '명품'이라고 평가합니다. 고노

드립법을 이용한 추출 방법은 여러 가지가 있으나 여기에서는 일반적으로 널리 통용되는 방법 몇 가지에 대해 얘기하려 합니다.

4) 고노 이슬드립

- 기본 준비물 : 드립포트, 서버, 미분체, 저울, 잔
- 드리퍼 / 필터 : 고도 드리퍼 (MD-21 / MDN-21, 1~2인용), 고노 페이퍼 필터
- 커피원두 : 중강배전 원두 22~24g
- 분쇄도 : 5 (후지로얄)
- 물온도 : 82~88℃
- 추출량 : 200~250ml
- 추출시간 : 2분 전후

① 필터 접기

고노식 필터를 접어 드리퍼에 끼웁니다.

② 원두 세팅

26~27g을 계량하여 불량 원두를 가려낸 후 분쇄하여 미분과 실버스킨 2~3g을 걸러낸 다음 드리퍼에 넣고 평탄화를 거쳐 서버 위에 올립니다.

③ 1차 드립

아주 가는 물줄기(1mm)로 시작한다. 빠르지 않은 느낌으로 필터의 끝부분을 제외한 전체를 적신 다음 중심으로 돌아옵니다. 살짝 물을 부이 배꼽 모양이 되면 제자리 돌리기를 하여 거품원이 10원짜리 크기가 되게 만듭니다. 이때 고운 거품이 생성됩니다.

→ 40초~1분, 90~100ml(저울에 표시된 양)

④ 2차 드립

1차 드립을 마치고 10초~12초 기다린 뒤 1차와 같은 가는 물줄기로 중심에서 촘촘히 나선형으로 드립하면서 100원 크기를 만듭니다. 아주 세밀하고 고운 거품으로 원이 만들어지면 성공입니다.

100원 크기가 된 상태에서 같은 속도로 천천히 마지막 원을 돌려줍니다. 페이퍼 필터 옆의 수위가 상승하면서 중심의 커피색이 진해지면 다시 중심으로 돌아와 약간 굵은 물줄기(2mm)로 10원 크기의 나선형 원을 그리다 만수위까지 올라가면 기다립니다.

서버의 커피량이 200ml를 넘어 250ml가 되면 서버를 옮깁니다.

이때 물이 조금 있는 상태여야 합니다.

※ 주의

강배전과 중배전은 가늘게 분쇄한 커피를 저온으로 추출하게 되므로 1차는 가급적 천천히 진행해야 합니다. 2차에서는 마지막 원을 천천히 그리며 드립해야 전체 수위를 끌어올릴 수 있습니다. 드리퍼 아래의 물이 상승하면서 수위를 올리게 되는데, 수위를 올리지 못하면 갇힌 맛이 됩니다.

5) 고노 아이스커피 드립

- 기본 준비물 : 드립포트, 서버, 미분체, 저울, 볼, 얼음, 잔
- 드리퍼 / 필터 : 고노 드리퍼 / 고노 페이퍼 필터
- 원두 : 강배전 원두 30g
- 분쇄도 : 5 (후지로얄)
- 물온도 : 82℃
- 추출량 : 200ml
- 추출시간 : 2~3분 이내

① 얼음 준비

중간 크기의 볼에 얼음과 물을 반 정도 담아둡니다.

② 원두 세팅

고노 드리퍼에 30g의 분쇄한 원두(미분 제거)를 넣고 평평하게 펴줍니다.

③ 1차 드립

아주 가는 물줄기로 중심에서부터 바깥쪽으로(종이에 물이 젖지 않게) 물을 적셔 중심에서 아주 가늘게 천천히 1차 드립을 합니다. (1분, 90ml 추출)

④ 2차 드립

10초 후 1mm로 천천히 나선형으로 드립한 후 200ml를 추출합니다.

⑤ 냉각과 믹싱

준비한 얼음물 볼에 200ml를 추출한 서버를 넣어 자연적으로 식힙니다.

컵에 얼음 담고 차갑게 식힌 커피 200ml를 부어 숟가락으로 저어줍니다.

6) 고노 강배전 드립

- 기본 준비물 : 드립포트, 서버, 미분체, 저울, 잔
- 드리퍼 / 필터 : 고노 드리퍼 (MD-21 / MDN-21 / MDK-21, 1~2인용) / 고노 페이퍼 필터
- 원두 : 중강배전 원두 22g (미분을 제거한 원두)
- 분쇄도 : 약간 굵게 분쇄
- 물온도 : 86~90℃
- 추출량 : 200ml
- 추출시간 : 2~3분 이내

① 필터 접기

고노식 필터를 접어 드리퍼에 끼웁니다.

② 원두 세팅

분쇄한 원두는 드리퍼에 옮겨 흔들어 수평으로 만들어 서버 위에 올립니다.

③ 뜸들이기

가는 물줄기로 추출량의 10~15%(25~30ml)의 물을 고르게 부어줍니다. 필터 가장자리에서 5mm 정도는 남겨 두고, 중심에서 밖으로 나선형을 그리며 살포시 얹는 느낌으로 부어준 후 20~30초 가량 기다립니다.

④ 추출하기

추출량의 1/3은 가는 물줄기로 시작합니다. 100원 동전 크기를 만들며 아주 천천히 드립하는 게 좋습니다. 2/3는 중심에서 한 바퀴씩 크게 만들어가되, 조금 더 속도를 내어 진행합니다. 드립필터 가장자리에서 1.5cm의 간격을 두고 반복하여 드립합니다.

나머지 양채우기는 2~3mm의 약간 굵은 물줄기로 중앙부(100원짜리 동전 크기)에서 수위를 올리며 드립합니다. 이때 필터 가장자리까지 나아가 큰 원이 만들어지면 불필요한 쓴맛이 나올 수도 있으므로 주의해야 합니다.

⑤ 따르기

스푼으로 잘 저어 히팅한 잔에 따릅니다.

7) 고노 약배전 드립

- 기본 준비물 : 드립포트, 서버, 미분체, 저울, 잔
- 드리퍼 / 필터 : 고도 드리퍼 (MDK-21 / 1~2인용), 고노 페이퍼 필터
- 커피원두 : 약배전 원두 24g
- 분쇄도 : 5 (후지로얄)
- 온도 : 91~92℃
- 추출량 : 240ml
- 추출시간 : 2분 10초 전후

① 필터 접기

고노식 필터를 접어 드리퍼에 끼웁니다.

② 원두 세팅

26~27g을 계량하여 불량 원두를 가려낸 다음 약간 굵게 분쇄하여 미분과 실버스킨을 제거합니다.

드리퍼에 담아 수평을 잡아준 다음 서버 위에 올립니다.

③ 1차 드립

가는 물줄기(1.5mm)로 중심에서 바깥쪽으로 드립합니다. 페이퍼 필터 가장자리 5mm는 제외하고 천천히 전체를 적시는 느낌으로 드립한 다음 중심으로 되돌아옵니다. 중심부에 1mm의 가는 물줄기를 살짝 부어 둑이 생기면 제자리 돌리기를 시작하고, 노란색이 올라오면 거품을 띠과 돌며 100원 크기를 만듭니다. 35~40초에 90~100ml(저울에 표시된 숫자)를 추출합니다.

④ 2차 드립

10~12초 후 2차 드립을 시작합니다. 2mm~2.5mm 물줄기로 중심부에서부터 차분하게

500원 크기의 거품원을 만듭니다. 수위가 빨리 상승하므로 멈추었다가 3차로 나누어서 드립해도 좋습니다.

밸런스가 좋고 단맛과 향미가 풍부하며, 부드러운 뒷맛의 커피를 만들 수 있습니다.

8) 고노 점드립

- 기본 준비물 : 드립포트, 서버, 미분체, 저울, 잔
- 드리퍼 / 필터 : 고노 드리퍼 (MDK-21 / 1~2인용) / 고노 페이퍼 필터
- 원두 : 중강배전 원두 24g
- 분쇄도 : 약간 가늘게 (후지로얄 5)
- 물온도 : 85℃
- 추출량 : 200ml
- 추출시간 : 4~5분

고노 드리퍼의 장점을 이용하면 최대한 융에 가까운 맛을 낼 수 있습니다. 점드립 커피의 특징은 진한 듯, 꽉 채운 듯한 진한 맛과 향, 벨벳한 촉감, 맑고 깨끗하고 부드러운 뒷맛에 있습니다.

점드립은 보다 정교한 기술과 숙련된 경험을 요하는 작업이므로 추출시간도 32g으로 300ml 추출 시에는 5분 이상, 24g으로 200ml 추출 시에는 4분 이상 등으로 여유 있게 잡아주어야 합니다.

강배전 커피의 경우 점드립이나 저온드립(82~85℃ 이하)으로 추출하되, 중간 정도로 분쇄하고 양을 조금 늘려 잡아서 드립을 하면 깊은 맛을 냅니다. 반면, 약배전은 일반드립과 이슬드립을 권장하며, MDK-21 기준 적정온도는 90~93℃, 추출시간은 2분 이내가 적당

합니다.

① 원두 세팅

원두 26~27g을 계량하여 불량 원두를 골라냅니다. 굵게 분쇄하여 실버스킨과 미분을 제거한 뒤 드리퍼에 담아 수평을 만듭니다. 그 다음 숟가락 끝부분으로 중심을 약간 파줍니다. 물이 커피에 닿아 흡수될 때 자극을 최소화하는 동시에 퍼짐이 좋게 하기 위함입니다.

② 기본 자세

포트를 잡은 손목을 오른쪽 가슴에 고정시키고, 팔 뒤꿈치를 뒤로 살짝 빼는 듯한 느낌으로 드립에 임합니다. 팔을 붙인 자세를 흐트리지 않고 안정적으로 유지해야 균일한 점찍기가 가능합니다.

③ 물주기

드리퍼 중심의 약간 패인 부분에 가는 물줄기로 5~7ml 가량 살짝 부어줍니다. 구덩이가 메꿔지면 점드립을 시작합니다.

④ 점찍기

점은 드립포트 주둥이 뒤쪽에 살짝 머무는 듯한 느낌으로 출발해서 뒤쪽에서부터 일정한 간격으로 한 방울씩 떨어뜨립니다. 이때는 중심 부분에서만 점드립하는데, 카운트 저울의 끝 부분이 0.5g씩 올라가면 이상적인 간격이 됩니다.

그 상태로 30~40ml까지 드립합니다. 시간은 1~3분 이상 이며, 드리퍼 끝부분(아래쪽)에서 서버로 방울방울 점으로 떨어져야 합니다.

점드립을 할 때에는 가능한 포트를 낮게 하여 중심부에서부터 한 방울 한 방울씩 서두르지 말고 차분히 해야 합니다. 점드립에서는 거품이 올라오지 않습니다. 중심 부분만

점으로 공략하여 커피 꽃을 만들면서 서버 바닥이 덮일 때까지 이어나갑니다.

⑤ 1차 추출

그 다음은 일반 추출과 동일한 방법으로 합니다. 손목을 이용해 살짝 붓고 올리거나 조금씩 원을 그리며 붓는 방법으로 80ml까지 추출합니다. 반경은 500원 크기로 넓혀서 드립하되, 물줄기 아래는 점으로 떨어지도록 조절해야 합니다. 시간은 2~3분 정도가 적당합니다.

⑥ 2차 추출

80ml가 되면 중앙에서 물을 부어줍니다. 중앙이 부풀어 오르고 거품의 둑이 만들어지면 둑을 유지하며 천천히 추출합니다.

⑦ 물량 조절

수위가 상승하기 시작하면서 드리퍼의 2/3 지점까지 차오르면 조금 굵은 물줄기로 드리퍼가 가득 찰 때까지 수위를 올립니다. 서버에 250ml가 차면 드리퍼를 옮깁니다.

1/3(100ml) 정도 추출이 진행되면 맛있는 성분은 거의 추출된 상태이므로 수위를 올려서 마무리 과정에 들어가게 됩니다. 그 이유는 잡미는 위로 보내고 진미는 아래로 내리기 위함입니다. 물량을 늘려 드리퍼 끝까지 수위를 올린 다음 목표로 했던 250ml가 추출되면 즉시 드리퍼를 옮깁니다. 전체적으로 4~6분 정도가 소요되면 적당합니다.

손목 스냅을 이용한 점드립

물을 조금씩 살짝살짝 부어 드립하는 방법으로 점드립이 어려운 초보자도 쉽게 할 수 있는 방법입니다.

- 준비물 : 분쇄 원두 24g (미분을 제거한 후의 양)
- 뜸들이기 : 일반 추출과 동일하게 진행합니다.
- 추출하기

추출량의 1/3까지는 손목을 이용합니다.
중심에서 가는 물줄기로 아주 조금씩(0.5ml) 커피가루 표면에 살짝 부었다가 멈춥니다.
이 방법으로 추출량의 1/3까지 추출하다가 나머지는 일반 추출과 동일하게 진행하여 200ml를 뽑아 완성합니다.

- 추출량 : 200ml
- 추출시간 : 3분 30초 이내

웨이브 드립

웨이브(Wave) 드리퍼는 칼리타 제품으로, 기존 칼리타 드리퍼의 단점을 보완해서 스페셜티 커피 추출에 맞게 출시된 최신 드리퍼입니다.

추출구가 3개이고 사다리꼴 형태인 구형 칼리타는 아래쪽에 물이 고이는 현상이 발생되고 잡미가 추출되는 등의 문제가 있었습니다. 또 리브의 두께가 얇아 필터와 밀착되는 바람에 물 빠짐이 원활하지 못하다는 것도 문제로 지적되었습니다. 이 때문에 물과 커피의 접촉 시간이 길어져 불필요한 맛이 추출되는 단점을 가지고 있었던 것입니다. 웨이브는 이런 단점을 보완한 신제품이라고 할 수 있습니다.

1) 웨이브 드리퍼의 특징

웨이브의 모양은 태형이나 커피가루는 원추형이 되도록 고안된 드리퍼입니다. 아래 부분에 구멍이 3개 뚫려 있는 것은 동일하지만, 볼록하게 뚫려 있어서 커피 액이 고이는 현상을 방지해줍니다.

또 리브 대신 필터에 20개의 주름이 잡혀 있어서 리브 역할을 합니다. 이 때문에 세심하게 드립을 하지 않아도 필터의 주름이 자연히 커피 둑을 만들어 주게 되므로 초보자도 쉽게 다가갈 수 있습니다.

형태는 사다리꼴로 태형에 속하지만, 아래에 볼록한 유리부분이 있기 때문에 원추형과 같은 방식으로 드립을 합니다. 단, 1~2인용 드리퍼의 경우 원두를 15g 이상 사용하면 넘칠 수가 있으므로 주의해야 합니다.

웨이브 드리퍼는 밸런스가 좋은 커피 추출에 유리한 제품입니다. 섬세한 맛과 다양한 맛을 연출하는 데에는 미흡하지만, 후미에서 단맛이 잘 느껴지는 구조로 모든 배전도의 커피에 무난하게 적용 가능하다는 점, 초보자도 쉽게 사용할 수 있다는 점 등이 강점으로 꼽힙니다. 스테인리스, 유리, 민드리퍼 등이 있으며, 가로로 층을 이루며 돌아간 리브가 물의 속도를 늦춰주는 스테인리스 제품이 유리나 민드리퍼에 비해 진한 커피가 추출됩니다.

웨이브 필터는 바깥쪽부터 빼내어 사용해야 끝까지 주름을 보존할 수 있습니다.

2) 웨이브 드립법

중심에서부터 3mm 정도의 물줄기로 시작합니다. 100원 크기로 살짝 밀듯이 나선형을 그려주면서 필터 가장자리까지 물이 차오르게 하되, 수위를 최고치로 올려주면 완성됩니다. 서버에 표시된 추출량이 300ml가 되면 드리퍼를 옮겨줍니다. 시간 2분~2분 20초.

웨이브 드립에서는 수위를 끝까지 올려주는 것이 포인트이므로 3차 드립을 통해 살짝 밀어 주듯이 드립하는 게 좋습니다. 밀어서 자극을 주면 나쁜 맛이 나올 가능성이 있지만, 끝 부분은 완전히 불은 상태라면 맛에는 큰 관계가 없습니다.

3) 웨이브 드리퍼로 이슬커피 내리기

- 기본 준비물 : 드립포트, 서버, 저울, 미분체, 잔
- 드리퍼 / 필터 : 웨이브 드리퍼 (2~4인용) / 웨이브 필터
- 원두 : 중강배전 원두 33g
- 분쇄도 : 5 (후지로얄)
- 물온도 : 86~89℃
- 추출량 : 300ml
- 추출시간 : 2분~2분10초

① 원두 세팅

원두 33g을 핸드픽하여 약간 가늘게 분쇄한 다음 미분과 실버스킨을 2~3g 정도 걸러냅니다. 원두를 드리퍼에 옮겨 고르게 수평을 만든 다음 서버 위에 올립니다.

② 1차 드립

중심에서 아주 가는 물줄기로 살짝 부어 약간의 둑이 올라오면 천천히 제자리 돌리기로 시작합니다. 거품을 따라 나아가면서 100원 동전 크기로 만들어 줍니다.

→ 50초~1분, 100~110ml 추출

③ 2차 드립

10~12초 후 2mm 정도의 물줄기로 중심에서 살짝 부어 나선형을 그리면서 바깥쪽으로 나아갑니다. 드리퍼 넓이의 2/3까지만 가는 게 일반적이지만, 웨이브 드리퍼는 필터 주름이 둑이 되므로 조금 더 반경이 커져도 괜찮습니다. 가장자리의 주름 속으로 커피가루가 올라가기 시작하면 같은 자리에서 2~3회 가볍게 물을 더 부어 수위를 완전히 올립니다.

→ 200~230ml 추출(서버에 표시된 양 기준)

④ 3차 드립

중심의 물이 조금 빠져 약간 패이거나 240~260ml가 되면 같은 요령으로 3차 드립(양 채우기)을 시작 합니다.

동경의 웨이브 커피 전문점
미카페(Mi Cafe)

세계에서 최고를 자랑하는 럭셔리한 카페로, 회원제로 원두커피를 공급하는 곳입니다. 최고의 커피헌터 출신인 가와시마 보이사키가 만든 걸작품으로도 유명합니다. 전통과 품위를 지켜가고 있는 긴자에서 고급스러운 사교문화를 공유하고자 하는 진성 커피애호가들을 위한 고급 살롱이라고 할 수 있습니다.

6개국 9개의 농원과 직접적인 관계를 맺고 있으며, 12종목의 커피를 다이렉트로 공급받습니다. 구입한 생두는 즉시 전용 커피셀러에 보관하며, 500g 단위로 로스팅하여 배송합니다. 로스팅한 원두는 향기를 놓치지 않도록 샴페인 병에 밀봉하여 보내며, 방문객이 구입한 원두는 14일간 보관했다가 내점할 때마다 주문할 수 있도록 하는 키핑 프로그램도 운영 중입니다. 키핑 원두 1병 분량은 6잔 정도(1500ml)이며, 15일 지나면 폐기됩니다.

미카페는 꽃미남 바리스타가 조명 아래에서 친절하게 커피에 대해 설명하고 직접 드립해주는 서비스로도 유명한 곳입니다. 1병의 원두값은 10~12만원 이상입니다.

※ 위치 : 동경도 중앙구 긴자 6-10-1 긴자식스B. 13F

하리오 드립

스페셜티 커피가 출시되면서 에스프레스 커피머신으로는 다양한 성분을 제대로 표현하기 어렵다는 문제가 제기되었습니다. 커피 고유의 개성과 특성을 잘 뽑아내기 위해서는 결국 전통적인 핸드드립 기술의 현대화가 필요하다는 판단에 따라 미국 현지에서 재점검과 재개발 과정을 거쳐 재탄생한 드리퍼가 하리오입니다. 하리오는 정밀한 추출이 가능하고, 섬세한 개성을 끌어낼 수 있어서 약배전 커피 추출에 가장 적합한 드리퍼라고 할 수 있습니다. 블루보틀, 스텀프타운과 함께 미국 3대 커피 브랜드로 손꼽히는 인텔리젠시아(Intelligentsia Coffee)에서는 빨간색의 하리오 드리퍼를 트레이드 마크처럼 쓰고, 빨간색 서버로 매장을 장식하고 있습니다. 이 때문에 한때 빨간색 하리오가 제일 비싸게 팔리기도 했습니다.

1) 하리오 드리퍼의 구조와 원리

하리오 역시 융의 진하고 부드러운 맛을 재현하기 위하여 만들어진 드리퍼입니다. 원추형 드리퍼인 하리오는 사다리꼴에 비해 커피가루가 쌓이는 층이 길고 나선형 리브가 휘감고 있는 구조입니다. 이 때문에 물의 와류가 활발하게 일어나고 교반이 잘 이루어지면서 커피 고유의 성분이 확실하게 추출된다는 장점을 가지고 있습니다.

모든 드리퍼의 다양한 리브는 각각 개성과 매력이 있지만, 나선형의 긴 리브는 물줄기 조절이나 물온도 조절, 드립하는 시간의 길고 짧음 등에 따라 맛이 크게 달라지는 특징을 가지고 있습니다. 추출 속도에 따라 융에 가까운 부드럽고 진한 맛이 나는가 하면, 부드럽고 연한 맛을 내기도 합니다.

나선형은 펼쳤을 때 직선보다 길고 한번 돌아가게 됩니다. 그래서 천천히 드립 하면 물이 지나가며 머무는 시간이 직선보다 길어지면서 진하고 부드러운 맛이 되고, 빠르면 약간의 속도가 빠르게 되므로 부드럽고 연한 맛이 됩니다. 또 아래 큰 구멍은 물 흐름의 빠짐을 원활히 할 수 있도록 도와줍니다.

초보자도 쉽게 할 순 있지만, 원하는 다양한 맛을 추출하려면 오랜 연습기간이 필요한 어려운 드리퍼 중 하나입니다. 하지만 다양하고 개성적인 맛을 추구할 수 있다는 강점 때문에 세계의 바리스타들이 즐겨 사용하는 드리퍼이기도 합니다.

하리오 드리퍼는 와류를 이용한 드리퍼이므로 물 붓는 반경이 타 드리퍼에 비해 약간 적게 하는것이 추출에 용이합니다.

2) 하리오 드리퍼의 종류

하리오 드리퍼는 다양한 소재로 만들어지고 있지만, 여기에서는 유리로 만든 드리퍼 중 리브의 두께가 얇은 것과 두꺼운 것 등 두 가지에 대해서 살펴보고자 합니다.

① 나선형 리브의 두께가 얇은 드리퍼

나선형 리브의 폭이 두꺼운 드리퍼보다 필터링이 원활합니다. 드리퍼와 필터의 접촉면이 넓어 공기의 흐름이 막힘 없이 잘 이어짐으로써 커피가루 역시 잘 부풀어 오르게 되기 때문입니다. 아래의 큰 구멍은 또한 물빠짐을 도와주며, 원하는 맛을 추출하기가 좋도록 설계되어 있습니다.

하리오 정품인 V60 커피스테이지(Coffee Stage) 페이퍼 필터의 안쪽 면은 매끄럽게 가공되어 있고, 바깥쪽 면은 약간 거칠게 만들어져 있습니다. 매끄러운 안쪽 면은 물빠짐이 잘 되도록 해주고, 거칠한 바깥쪽 면은 공기의 흐름을 좋게 해줍니다.

② 나선형 리브의 두께가 두꺼운 드리퍼

나선형 리브의 폭이 두꺼운 드리퍼는 얇은 드리퍼보다 필터와 드리퍼 사이의 간격이 넓은 편입니다. 그 결과 공기의 흐름이 더욱 빠르게 작용하게 되므로 초보자의 경우 자칫하면 싱거운 커피가 되기도 합니다. 이럴 때에는 추출 전에 린싱을 하거나 분쇄입도를 중간굵기로 하면 도움이 됩니다.

이 드리퍼와 잘 맞는 V60 커피페이퍼필터(Coffee Paper Filte)는 안쪽 면과 바깥쪽 면이 모두 거칠게 되어 있는 형태입니다. 리브 두께가 두꺼운 드리퍼에 사용하기에 적합하도록 종이 역시 보수력이 좋은 재질의 소재를 사용하게 됩니다.

3) 약배전 커피 이슬드립 하기

- 기본 준비물 : 드립포트, 서버, 필터, 미분체, 저울, 온도계
- 드리퍼 / 필터 : 하리오 드리퍼 / 하리오 페이퍼 필터
- 원두 : 33g (분쇄로 5, 후지로얄 기준)
- 물온도 : 91~92℃ (오래된 원두는 93℃)
- 추출량 : 300ml
- 추출시간 : 2분 전후 (늦어도 3분 안에 종료)

약배전 커피는 라이트와 미디엄 정도의 커피를 말하지만, 여기에서는 추출의 편의상 중배전에 해당하는 하이로스팅 단계까지 포함해서 약배전의 범주로 다루고자 합니다.

① 필터 접기

시접선을 꼼꼼하고 정확하게 바깥쪽으로 접은 다음 다시 한번 눌러줍니다. (사진 참조)

② 원두 세팅

원두 33g을 계량하여 불량 원두를 가려내고 분쇄하여 실버스킨을 확실히 제거하고 미분 2~3g)을 날린다. 드리퍼에 넣어 수평으로 만들어 서버 위에 올린다.

지름이 넓은 드리퍼는 커피가루를 옆으로 충분히 펴주어야 물과 커피가루의 높이가 3cm 미만이 될 수 있고, 회전 시 일정하게 드립할 수 있다. 하리오 드립은 3~4회로 나누어 하는 것이 권장된다.

③ 1차 드립

1mm 물줄기로 전체(가장자리 1cm 제외)를 적셔준 다음 바로 중심으로 돌아와 가는 물줄기를 살짝 부어준다. 이로 물이 올라오면 제자리 돌리기 시작하고, 노란 액이 올라오면 거품을 따라 10원짜리(구) 크기의 거품원을 만든다.

→ 35~40초 전후, 110ml 정도 추출(저울에 표시된 숫자)

④ 2차 드립

10초 기다렸다가 중심에서 나선형을 그리며 거품을 따라 나아간다. 2mm 물줄기로 100짜리 동전정도 크기로 거품원을 유지하면서 마지막 지점에서 2~3회 천천히 물붓기를 더한다. 수위가 2/3 정도 차오르면 정지한다.

➔ 1분 50초 전후, 200~220ml 추출

⑤ 3차 드립

250~260ml가 되도록 기다렸다가 중심에서 2~3mm 물줄기로 100원짜리보다 작게 돌려주면 수치가 3/4까지 올라가게 된다. 300ml가 되면 드리퍼를 옮긴다.

➔ 2분~2분 7초 사이

하리오 드리퍼를 이용해서 약배전 커피를 이슬드립할 경우 깔끔하고 산뜻하면서도 화려하고 부드러운 산미의 커피를 기대할 수 있습니다. 싱글오리진 스페셜티 커피, 파나마 게이샤, 케냐AA 약배전, 코스타리카 등의 커피원두 추출에 적합합니다. 강배전 원두를 이용해서 아이스커피를 만들 때에도 좋습니다.

커피원두의 양에 따른 적정 추출량은 다음과 같습니다.

- 20g(25g) : 200ml
- 30g(36g) : 300~360ml
- 40g(48g) : 460ml
- 50g(55g) : 600ml

괄호 안의 수치는 약간 진한 커피를 추구할 경우이며, 약배전 커피 이슬드립의 황금비율이라고도 힐 수 있습니다.

4) 강배전 커피 이슬드립 하기

- 기본 준비물 : 드립포트, 서버, 미분체, 저울, 온도계
- 드리퍼 / 필터 : 하리오 드리퍼 / 하리오 페이퍼 필터
- 원두 : 33g (프렌치 로스팅, 분쇄도 4.5~5, 후지로얄 기준)
- 물온도 : 82℃   • 추출량 : 300ml   • 추출시간 : 2분 40초 전후

① 필터 접기

시접선을 꼼꼼하고 정확하게 바깥쪽으로 접은 다음 다시 한번 눌러줍니다. (사진 참조)

② 원두 세팅

원두 33g을 계량하여 불량 원두를 가려내고 분쇄하여 실버스킨을 확실히 제거하고 미분 2~3g)을 날립니다. 드리퍼에 넣어 수평으로 만들어 서버 위에 올립니다.

③ 1차 드립

33g을 계량하여 미분을 제거하고 30g을 드리퍼에 담아 평평하게 만든 다음 서버 위에 올립니다.

82℃의 물을 제일 가는 물줄기로 전체(페이퍼 가장자리 1cm 제외)를 적셔준 다음 중심에서 아주 천천히 돌려 10원짜리 거품원을 만듭니다.

→ 48초 전후, 115ml 추출(저울에 표시된 무게 기준)

④ 2차 드립

10~12초 후 중심에서 시작하여 거품을 따라가며 1.5mm의 물줄기로 500원 크기의 거품원을 만듭니다.

중심이 까맣게 변하면 다시 가운데로 돌아와 수위를 올려줍니다.

→ 2분 소요, 250ml(서버의 숫자)

⑤ 3차 드립

수위가 약간 내려가면 중심에서 1.5mm 물줄기로 10원 크기의 거품원을 그리며 천천히 다시 수위를 올립니다. 서버에 260~280ml 정도가 차면 드리퍼를 옮깁니다. 총 시간은 2분 30초 전후.

가는 물줄기로 천천히 드립해야 하므로 하리오 강배전 이슬드립은 다른 경우에 비해 다소 추출 시간이 길어지게 됩니다.

단맛을 좋게 하고자 한다면 시간과 양을 늘려서 1차 드립을 하는 게 좋습니다. 그러면 깔끔하게 떨어지는 쓴맛 뒤에 올라오는 단맛이 더욱 감미롭게 느껴지는 커피, 신맛까지 살짝 가미되어 진한 균형미와 풍미를 만끽할 수 있습니다.

Tip. 좋은 쓴맛이란?

한국과 일본에서는 커피의 맛을 우선시하며 구수한 맛을 선호하는 편입니다. 하지만 서양에서는 향기를 중요시하기 때문에 커피의 맛을 스모키, 불맛, 흙내, 고무향, 나무냄새 등 향기로 표현하는 경향이 있습니다.
그 중에서도 쓴맛은 마시는 사람의 여건에 따라 사뭇 다르게 받아들여지고 표현되는 맛입니다. 체질이나 식습관, 즐기는 정도에 따라 쓴 정도가 다르게 느껴지기 때문입니다. 다만, 자극적인 쓴맛이 아니라 좋은 쓴맛이어야 한다는 데에는 이견이 없습니다.

좋은 쓴맛이란 감칠맛 뒤에 여운으로 다가오는 쓴맛을 말합니다. 타액에 오래 머물면 쓴맛은 길게 느껴지고, 빨리 씻겨서 잦아들면 산뜻한 쓴맛으로 느낍니다.
쓴맛은 생리적으로 기피하고 싫어하는 맛이지만, 유전적으로 쓴맛을 느끼지 못하는 사람이 30% 정도나 된다고 합니다. 강배전 커피의 부드러운 쓴맛은 단맛으로 이어지고 덮여질 때 빛납니다. 반면, 중배전 커피는 신맛과 쓴맛, 단맛의 밸런스가 좋은 커피입니다. 그래서 상쾌한 쓴맛, 깔끔한 쓴맛, 쌉싸름한 쓴맛이라고 표현합니다.

5) 하리오 스위치드리퍼 드립법

- 기본 준비물 : 드립포트, 서버, 미분체, 저울, 온도계
- 드리퍼 / 필터 : 하리오 스위치드리퍼 (3~4인용) / 하리오 페이퍼 필터
- 원두 : 모든 배전도의 원두 사용 가능
- 물온도 : 90℃
- 추출량 : 250~300ml

스위치 드립은 레시피를 조절하기 쉬운 침지식 드립법입니다. 마시기 편하면서도 뒷맛이 매력적인 커피를 추구할 수 있습니다. 특히 아메리카노를 좀 더 개성미 있고 커피다운 커피로 업그레이드하고 싶다면 스위치 드립법을 이용하면 됩니다. 맛의 편차가 적어 누구나 쉽고 간편하게 다룰 수 있다는 것도 강점입니다.

① 1차 드립

스위치를 'close'에 두고 물 75~80ml를 드립합니다.

10초 후 스위치를 'open'해서 배출한 다음 다시 'close'합니다.

② 2차 드립

바닥이 보이면 물 75~80ml를 주입합니다. 1차보다는 좀 더 큰 원으로 드립합니다.

드립 후 10초 정도 지나면 스위치를 'open'하여 배출합니다.

③ 3차 드립

다시 75~80ml를 주입하고 5초 후에 스위치를 'open'합니다.

④ 4차 드립

스위치를 'open'한 상태로 중심부에 드립하여 추출량을 채웁니다.

6) 하리오 메탈드리퍼 드립법

메탈드리퍼(Paper Less)는 금속필터 일체형 드리퍼를 말합니다. 별도의 커피 필터 없이 추출할 수 있는 제품으로 칼리타, 멜리타, 원추형 등 여러 가지 형태가 있으며, 보온효과를 위해 전용 홀더가 포함돼 있는 것도 있습니다. 여기에서는 일반적으로 많이 쓰는 하리오 메탈드리퍼(Metal Dripper)에 대해 이야기하고자 합니다. 메탈드립에서는 가급적 주둥이가 가는 드립포트를 선택하는 것이 좋습니다.

① 하리오 메탈드리퍼의 장점

- 프로들에게 주목 받고 있는 차세대(스페셜티) 필터
- 커피 오일이 확실히 추출되므로 부드럽고 향기로우며 구수한 맛의 커피 추구에 유리합니다.
- 페이퍼가 필요 없으므로 반영구적입니다.
- 천천히 섬세하게 드립하면 보통의 핸드드립보다 원두의 개성이 뚜렷하게 추출됩니다. 따라서 양질의 원두를 사용해야 합니다. (스페셜티 권장)
- 기구 속에 눈금이 표시되어 원두 계량이 편리합니다.
- 반드시 미분을 제거해야 합니다.

거름장치가 없고, 스테인리스 필터의 망이 페이퍼나 융처럼 미세하지 못해서 미분이 구멍을 막을 수 있습니다. 또 물빠짐이 약간 더뎌지게 되므로 원두을 분쇄할 때는 약간 굵게 갈아야 합니다. 거의 모든 커피 성분이 초기에 빠르게 추출되기 때문에 잡미가 많이 나올 가능성이 있습니다.
- 전용 홀더커버가 있는 제품의 경우 보온효과가 좋다. 없는 것은 드리퍼에 끼울 수 있습니다.

하리오 메탈드리퍼는 쉽고 편하게 사용할 수 있는 제품이면서도 매우 다양하고 개성적인 맛을 추구할 수 있는 드리퍼이기도 합니다. 단, 금속필터의 메시(구멍)은 종이나 융보다는 크기 때문에 물량과 속도 조절이 매우 중요합니다.

② 하리오 메탈드리퍼 추출 조건과 방법

- 물온도 : 93℃
- 분쇄도 : 중간보다 굵게 분쇄 (후지로열 6~7 전후)
- 뜸들이기 : 40~50초. 가장자리는 0.7cm 띄우고, 벽을 만들지 않습니다.
  뜸의 물량은 원두 양과 동일합니다.
- 1차 드립 : 페이퍼보다 천천히 섬세하게 추출해야 합니다.
  빠르면 맛이 싱거워지는 원인이 됩니다.
- 2차 드립 : 플라스틱 아래까지만 드립합니다. 드리퍼 2/3까지만 추출합니다.
- 3차 드립 : 중요 성분을 모두 추출하는 과정으로 조금 빠르게 진행합니다.
- 4차 드립 : 양 채우기이며, 총 드립 시간은 2인분의 경우 2분 45초 정도.
- 사용한 드리퍼는 반드시 세제로 세척해서 잘 말려둬야 합니다.

하리오 메탈드리퍼는 특이한 향을 가지고 있는 고퀄리티 원두를 사용할 때 더욱 효과적입니다. 여과지 없이 숙련된 기술로 추출하며, 기술이 쌓이고 경험이 더해지면 신세계의 커피맛을 느낄 수 있습니다.

해바라기 드립

5~6인용의 큰 드리퍼로 연출하기 좋은 꽃모양 추출법으로 칼리타, 고노, 하리오 등에 두루 적용할 수 있습니다.

큰 드리퍼로 많은 양을 추출하다 보면 아무래도 추출시간이 길어지면서 아린맛, 떫은맛, 쓴맛 등의 잡미가 추출되기 쉽습니다. 이때 꽃모양으로 빠르게 드립을 하면 깔끔하고 깊이 있는 커피가 추출됩니다. 배전한 지 조금 오래 경과된 커피도 이 방법으로 추출하면 좀 더 신선하게 즐길 수 있습니다.

- 분쇄도 : 6(후지로얄 기준)
- 물온도 : 약배전 91~92℃
  중배전 88~90℃
  강배전 82~86℃

 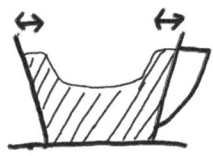

① 1차 추출

전체를 고르게 적신 뒤 중심으로 돌아와 3~4바퀴 돌리다가 10~15초 기다립니다.

② 2차 추출

중심을 기점으로 그림처럼 타원형을 그리며 연속해서 돌립니다. 이때 1cm 가량의 둑이 만들어지면 이상적이며, 고운 거품이 많이 나와야 좋습니다.

※ 주의
1~2인용 작은 드리퍼에는 해바라기 드립법이 적합하지 않습니다.

Tip. 적은 양으로 이슬드립 하기

- 준비물 : 원두 20g (배전도와 드리퍼 종류 불문)
- 드립하기

  3:5:2의 비율로 하되 50%를 2~3회로 나누어 드립합니다. 전체 물량을 240g으로 마무리합니다.

  1차 드립 : 65~75ml

  2차 드립 : 40~50ml씩 나누어 2~3회 추출 (소량이기 때문에 2차를 2회 더 나누어 드립합니다.)

  3차 드립 : 양 채우기

  여기서 1차 드립은 맛을 결정하고, 2차 드립은 농도를 조절하며, 3차는 양 채우기입니다.

해바라기 드립으로 아이스커피 만들기

칼리타, 고노, 하리오 등 5~6인용 이상의 대형 드리퍼를 이용해서 아이스커피를 손쉽게 만들어 즐길 수 있습니다. 해바라기 드립법으로 추출한 커피원액을 냉장보관 했다가 필요할 때 꺼내어 얼음물에 부어주기만 하면 맛과 향이 뛰어난 아이스커피가 됩니다.

- 칼리타 페이퍼 필터를 2겹으로 겹친 다음 분쇄원두 60g을 담아 세팅합니다.
- 해바라기 드립법으로 500ml를 추출합니다. 물의 온도는 85~90℃가 적당합니다.
- 뚜껑을 덮어서 식힌 다음 냉장보관 합니다. 그러면 자연 숙성을 통해 쓴맛은 감소하고 부드럽고 깊은 맛이 강조되므로 맛있는 아이스커피 베이스가 됩니다.
- 필요할 때 꺼내어서 아이스커피를 만듭니다.

오리가미 드립

오리가미 드리퍼(Origmi Driper)는 일본 트렁크커피(Trunk Coffee) 설립자인 야수오 스즈키(Yasuo Suzuki)가 고안한 드리퍼입니다. 2019년 월드브루어스컵(WBrC) 대회에서 중국의 두 지아닝이 오리가미 드리퍼로 챔피언에 오르면서 유명해졌습니다.

야수오 스즈키는 세계 최다 월드 바리스타 챔피언 배출국인 덴마크에서 '일본인 최초의 바리스타'로 활약하였으며, 나고야에 트렁크커피랩(Trunk Coffee Lab) 본점을 운영하는 동시에 트렁크커피 크래프트비어(Trunk Coffee Craft Beer)를 통해 수제맥주 개발에도 힘쓰고 있습니다.

그는 일본 여러 지역에 팝업스토어를 열어 스페셜티 커피를 소개하고 있으며, 우리나라를 방문해 모모스커피에서 게스트 바리스타로 활약하기도 했습니다.

1) 특징

오리가미 드리퍼는 브루잉 커피를 선호하는 젊은 바리스타들과 핸드드립 챔피언들, 미국의 커피 마니아와 프로페셔널 커피인들이 선호하는 원추형 드리퍼(사진 참조)로, 외형이 아름답고 컬러가 다양합니다. 여기에 매우 독특하고 신비로운 맛을 내는 드리퍼이기도 합니다. 사용설명서 없이 판매되면서 '프로드리퍼'라고 불리우고 있습니다. 드리퍼의 폭이 넓기 때문에 물조절을 잘 하면 물과 가스의 흐름이 매우 원활하게 이뤄집니다. 또 아래로 갈수록 구멍이 급격하게 좁아지는 형태로 커피 가스의 빠른 상승으로 인해 교반작용역시 활발하게 일어납니다. 그래서 커피가 가지고 있는 특성과 개성을 완벽하게 추출할 수 있다는 것입니다.

필터는 하리오 페이퍼 필터와 웨이브 페이퍼 필터를 사용합니다. 실험에 의하면 하리오 필터를 사용할 경우 훨씬 더 감칠맛 나는 커피가 연출되는 것으로 나타났습니다.

모든 배전에 사용할 수 있습니다. 드리퍼의 폭이 많이 넓기 때문에 팔을 조금 더 벌려서 드립해야 조금 더 편하게 진행할 수 있습니다.

2) 오리가미로 이슬드립 하기

- 기본 준비물 : 드립포트, 서버, 필터, 미분체, 저울, 온도계
- 드리퍼 / 필터 : 오리가미 드리퍼(소) / 하리오 웨이브 종이필터
- 원두 : 약배전 원두 27g
- 분쇄도 : 후지로얄 기준 5(타 드리퍼와 동일)
- 물온도 : 91~92℃

① 원두 세팅

약배전 원두 27g을 분쇄도 5로 분쇄하여 미분과 실버스킨을 제거한 다음 세팅합니다.

② 1차 드립

1mm 정도의 가는 물줄기로 중심에서부터 필터 가장자리 5mm 전까지 나선형으로 나아갔다가 다시 중심으로 돌아와 제자리 돌리기를 합니다. 10원짜리 동전 크기로 75~80ml까지 드립합니다.

➜ 30~40초 소요.(산미를 원할 경우 1차 드립을 30초에 60~65ml로 조절)

③ 2차 드립

10~12초 후, 가는 물줄기로 중심에서 가장자리 1mm까지 100원 크기의 거품원을 만들며 드립합니다. 마지막 가장자리에서 2~3번 돌리기 한 후 다시 중심으로 돌아와 멈춥니다.

➜ 1차 드립 포함 2분 내외

④ 3차 드립

수위가 올라오면 중간 물줄기로 중앙에서 100원 크기로 드립하여 수위를 올린 후 멈춥니다.

정량 250ml가 되면 서버를 옮깁니다.

➜ 전체 시간 2분~2분 20초, 1~3차 드립비율 3:5:2

※ 4회까지 나누어 드립하는 것도 좋습니다.

드립으로 아이스커피 내리기

드립으로 아이스커피를 내리는 간접냉각법에는 여러 가지가 있습니다. 그 중에서도 추억 속의 아이스커피가 그리워서 여기에 소개합니다.

4년 전, 아버지의 제자들과 함께 모처럼 동경카페투어를 갔을 때의 일입니다. 동경 긴자 4정목 근처에서 숯불배전을 하는 '린'이라는 카페에 들렀는데, 의외의 방법으로 아이스커피를 만들고 있었습니다. 여유로우면서도 보는 재미가 있고 신기하게 여겨지기까지 했었던 린의 아이스커피 드립법은 다음과 같습니다.

- 준비물 : 넓고 큰 스텐볼, 유리글라스(얼음 채운), 각얼음
- 배전도 : 강배전 원두 30g
- 분쇄도 : 조금 가는 분쇄(4)
- 물온도 : 82~88℃
- 추출량 : 250ml

① 넓은 스텐볼에 찬물을 담고 각 얼음을 평평하게 잠길 정도로 넣습니다.
② 얼음물 속에 서버, 드리퍼를 넣고, 분쇄한 원두를 세팅합니다.
③ 이슬드립, 또는 보통드립으로 드립을 합니다.
④ 250ml가 추출되면 스푼으로 잘 섞어준 다음 준비된 얼음컵에 따릅니다.

드립백 200% 활용법

요즘 많이 만들어지고 있는 드립백도 어떻게 내리느냐에 따라 맛이 많이 달라지는 케이스입니다. 인스턴트 커피처럼 손쉽게 사용 할 수 있는 드립백은 원두커피 본래의 맛을 쉽고 간편하게 즐길 수 있는 획기적인 발명품입니다. 세계의 수많은 커피 마니아들이 즐기고 있는 드립백 드립법의 정수를 소개합니다.

① 드립백을 열고 작은 스푼으로 커피가루를 고르게 뒤섞어줍니다.
② 윗면이 평평하게 되도록 해서 컵에 끼웁니다.
③ 90℃ 이상의 뜨거운 물을 준비합니다.
④ 가는 물줄기로 중앙에서 바깥쪽으로 나선을 그리며 살짝 적셔준 다음 20초 가량 기다립니다.
⑤ 중간 물줄기로 드립백의 70%까지만 수위를 조절해서 올리며 천천히 드립합니다.
⑥ 정량이 되면 재빨리 드립백을 제거합니다.

드립백은 대개 7~10g의 원두를 가늘게 분쇄해서 담게 되므로 빨리 드립 하는 것이 잡미를 억제하는 방법이 됩니다. 처음에 커피가루를 뒤섞어주는 것은 물과 공기의 흐름을 원활하게 하기 위함이고, 90℃ 이상의 뜨거운 물로 드립하는 것 또한 신속한 추출을 위해서입니다.
이렇게 하면 잡미가 비교적 적어 깔끔하게 떨어지는 드립백 커피를 즐길 수 있습니다.

융드립

융(Flannel)의 구멍 크기는 평균 0.08mm로 종이 필터 0.02mm보다 촘촘하지 않습니다. 종이 필터는 드리퍼의 모양에 따라 형태가 제한되면서 커피가 위로만 부풀어 오르지만, 부드러운 융은 드리퍼 전체가 팽창하면서 추출에 관여하게 됩니다. 추출 과정에서는 내부에서 대류가 쉽게 일어나며, 커피가루와 물이 활발하게 섞입니다.

융드립의 경우 드리퍼를 움직이는 방향, 드립 방식, 추출 속도 등 추출 조건이나 여건에 따라 맛과 향의 차이가 크게 나타납니다. 또 드립하는 사람의 자세나 마인드, 선호하는 방법에 따라 전혀 다른 커피가 되기도 하므로 숙련된 기술과 경험이 필요한 드리퍼입니다.

요즈음에는 세척과 보관상의 번거로움으로 인해 융에 가까운 페이퍼 드리퍼도 많이 개발되고 있습니다. 여유를 가지고 천천히 익혀나가면 깊고 진하면서도 부드러운 감칠맛이 일품인 융드립 특유의 차별화된 커피의 세계를 경험할 수 있습니다.

1) 융의 특성

융드리퍼는 기모가 한 면으로 나 있는 천으로 만듭니다. 인체에 무해한 무표백 제품으로,

대개 기모 면이 바깥쪽으로 가도록 만들어서 사용하게 됩니다. 그래야 커피가루가 팽창하면서 물길이 옆으로 트이는 현상을 방지할 수 있기 때문입니다. 기모가 안쪽으로 있게 되면 커피가루가 팽창하고 천 내부에서 외부로 향하는 압력이 증가하면서 물이 빠져나오게 되고, 그 물길을 따라 미세한 커피가루가 이동하면서 천의 구멍이 막힐 수 있습니다. 그럴 경우에는 농도가 지나치게 진한 커피가 될 뿐만 아니라 세척이 잘 되지 않는다는 어려움도 따르게 됩니다. 그래서 반드시 바깥 기모 타입의 드리퍼가 권장됩니다.

융드리퍼 중 작고 긴 드리퍼(V형)는 깊은 쓴맛을 내는 데 유리합니다. 반면, 두세 쪽을 이어붙여서 만든 폭이 넓은 드리퍼(U형)는 산뜻하고 부드러운 커피 맛을 내줍니다.

2) 사용법과 보관법

① 소독하기

융드리퍼를 새로 산 경우에는 소독부터 합니다. 냄비에 넣고 10분간 삶으면 되는데, 이 과정에서 천에 붙어 있는 풀과 냄새도 제거됩니다. 이때 소량의 커피가루를 넣어주면 천에 커피 유분이 베어들면서 더욱 안정적인 상태가 됩니다. 삶은 드리퍼는 찬물로 잘 씻어서 말려둡니다.

② 길들이기

융드리퍼는 커피의 유분이 베어 있어야 융 특유의 오일리한 커피 맛을 연출합니다. 시중에서 판매되고 있는 융은 50회, 수제 드리퍼는 100회를 사용하며, 사용횟수가 많을수록 부드러운 커피가 추출됩니다.

에스프레소 3잔을 추출해서 융드리퍼에 넣고 커피물을 들인 다음 물로 씻어 사용하면 잘 길들여진 드리퍼와 비슷한 효과를 낼 수 있습니다.

③ 세척과 보관

사용 후에는 깨끗이 씻은 다음, 융이 푹 잠길 수 있는 크기의 용기에 담가서 냉장보관합니다. 보관할 때는 매일 물을 갈아주어야 하며, 장시간 사용하지 않을 경우에는 냉동고에 보관하는 게 좋습니다. 단, 너무 오래 방치하면 융의 조직이 상할 수 있으므로 주의해야 합니다.

이렇게 취급법이 번거로움에도 불구하고 융드립이 애호가들의 사랑을 받는 것은 융드립 특유의 맛을 잊지 못하기 때문입니다. 진하고 고소한 맛, 달달하면서도 부드러운 맛, 입안을 코팅하는 듯한 독특한 촉감과 응축미는 타의 추종을 불허합니다.

3) 융드립의 기본 조건

- 준비물 : 융드리퍼, 드립포트, 작은 냄비(직경 10~15cm 정도), 마른 수건, 키친타올, 저울, 잔, 타이머
- 원두 : 강배전 원두 20g (미분 제거)
- 물온도 : 80℃
- 추출량 : 100ml
- 추출시간 : 5~6분

융드립은 강배전에서부터 프렌치, 이탈리안 로스트 커피와 잘 맞습니다. 처음 융드립을 하는 경우라면 거치대와 고정서버를 사용하면 좀 더 쉽고 편하게 임할 수 있습니다.

페이퍼 드립을 많이 해본 숙련된 프로라면 필터를 움직여서 추출하는 게 좋습니다. 왼손

으로 융대를 잡고 시계방향으로 살살 돌려서 추출하는 방식입니다. 이때 드립포트는 거의 움직이지 않고 아주 가는 물줄기를 유지하거나 점드립을 합니다.

드립 후에는 바닥에 검은색의 커피층이 생겨야 합니다. 이는 융드립의 특징이자 진하고 부드러운 맛의 근원이 됩니다.

① 일반적인 드립법은 페이퍼와 동일합니다. 단, 융드립에서는 중심을 목표로 작은 원으로 나선형을 그리며 수 차례로 나누어 드립하는 것이 권장됩니다.
② 바깥기모를 사용할 경우 분쇄도는 후지로얄 7~8로 굵게 하는 것이 좋습니다. 가늘게 갈면 융의 조직이 막히면서 추출이 어려워지게 됩니다.
③ 융 드리퍼를 씻어 비틀어 두 손바닥으로 꼭 눌러 짠 뒤 깨끗한 수건에 싼 뒤 손바닥으로 두들겨 물기를 제거합니다. 이때도 수분은 7g 정도 남아있으므로 키친타올로 눌러서 남아있는 물기를 없애줍니다.

4) 일반적인 융드립

① 굵게 분쇄한 원두 20g(미분 제거)을 융드리퍼에 넣은 뒤 평평하게 펴줍니다.
② 커피가루 중심에서 시작하여 한 방울씩 점드립(점점)을 합니다.
    이때 물높이는 커피가루와 최대한 가깝게 유지합니다.
③ 점점으로 커피가루 전체에 물이 고르게 가도록 합니다.
    이때 융에 직접 물이 닿지 않도록 하는 것이 중요합니다.
④ 첫 방울이 떨어질 때까지 일정한 속도로 빠진곳없이 점점을 계속합니다.

⑤ 1분 전후가 지나 첫 방울이 떨어지면 아주 가는 물줄기로 천천히 나선형을 그립니다.
3~4회 나누어 추출하되 후반엔 약간 굵은 물줄기로 해도 괜찮습니다.

⑥ 추출량이 되면 융드리퍼에 지체없이 드리퍼를 서버로부터 분리합니다.
물이 고여 있더라도 가차없이 분리해야 합니다.

→ **전체 시간 3분 전후**

5) 진한 융드립

① **세팅하기**

분쇄한 원두(20g)을 융드리퍼에 넣은 뒤 수평을 맞춥니다.

② **뜸들이기**

일반 드립에서와 같이 아주 가는 물줄기로 소량(10ml 정도)의 물주기를 반복합니다. 이 때 융에 직접 물이 닿지 않도록 하고, 서버로 진한 커피가 떨어지지 않고 흐린 커피가 떨어지면 융드리퍼의 수분 제거가 불충분하다는 상태이므로 버리고 시작해야 합니다. 대개 1분~1분 40초 전후로 커피 방울이 떨어지기 시작합니다.

③ **1차 추출**

융의 특징을 살린 커피를 원한다면 소량의 물주기로 점점으로 떨어지게 드립합니다. 30ml가 되면 중심을 목표로 해서 아주 가는 물줄기로 천천히 추출에 들어갑니다. 작은 원 크기로 부드럽게 나선형을 그려나가되 위에서 붓는 물줄기와 떨어지는 물줄기의 굵기가 같아야 합니다. 실 같이 가늘게 이어지면 이상적인 상태라고 할 수 있습니다.

추출할 때 원을 너무 크게 만들면 잡미 추출의 원인이 되므로 주의해야 합니다.

④ 반복 추출

3~5회로 나누어 추출을 반복합니다. 실처럼 가늘게 떨어지는 커피줄기가 점점으로 바뀌면 다시 물붓기를 더해줍니다. 이렇게 하면 꿀을 물에 푼 듯한 끈끈한 질감에 은은한 단맛이 감도는 부드러운 커피가 추출됩니다. 향미의 농도를 더하기 위해 잘 저어준 후 불에 잠깐 데워서 내가기도 합니다.

6) 약배전 커피 융드립

- 기본 준비물 : U자형 융드리퍼, 드립포트, 서버(지름 10cm 동냄비) 외
- 원두 : 미분과 실버스킨을 제거한 약배전 원두 25g
- 분쇄도 : 굵은 분쇄.
- 물온도 : 91~93℃.
- 추출량 : 100ml
- 추출시간 : 2분

예전에는 약배전 드립을 거의 하지 않았지만, 추출시간과 분쇄도, 온도를 달리하는 방법으로 약배전 드립을 하는 곳이 있습니다. 토쿄 긴자의 유서 깊은 카페 람부르(Cafe De Lambre, 1948년 창립)가 그 사례입니다.

람부르의 창립자이자 최고령 로스터 겸 바리스타로 유명한 세키구치 이치로 대표는 2018년 103세의 나이로 세상을 떠나기 전까지 카페를 지킨 커피장인입니다. 그는 전통을 계승하는 수준을 넘어 시대적 변화와 트렌드를 적극 반영하는 커피철학으로도 잘 알려져 있습니다. 카페 람부르에서 약배전 융드립을 시작한 것도 이 때문입니다.

① 추출준비

굵게 분쇄한 원두 25g을 융드리퍼에 넣고 편편하게 펴줍니다.

② 추출하기

왼손은 드리퍼를 잡고 오른손은 포트를 잡은 상태에서 중앙에서 바깥쪽으로 빠르게 나선형을 그리며 드립합니다. 이때 융에 물이 닿으면 안 되며, 물줄기의 굵기와 속도 역시 일정하게 유지되어야 합니다.

③ 마무리

가는 물줄기로 500원 크기의 거품원을 그리다가 100ml가 되면 멈춥니다.
2분 내외의 시간에 빠르게 마무리하는 것이 좋습니다.

7) 냉수 융드립

- 준비물 : 강배전 원두 20g, 생수(에비앙)

강배전 융드립은 소요시간이 길어 커피향이 약해지지만, 찬물(냉수)로 융드립 하면 커피향을 보다 강하게 느낄 수 있습니다. 냉장 보관했다가 시원한 아이스커피로 만들어도 좋으며, 데우면 연한 커피로 즐길 수도 있습니다.

① 드립준비

미분과 실버스킨을 제거한 원두 20g을 융드리퍼에 담고 고르게 펴줍니다.

② 뜸들이기

일반적인 뜸들이기보다는 조금 더 많은 양(30ml 정도)의 냉수를 고르게 얹어줍니다. 이

때 서버에 떨어진 커피액은 버립니다.

③ 추출하기

1분 정도 두었다가 10ml 정도의 물을 2~3회, 15ml 이상의 물을 2~3회 가늘고 고르게 드립한 후 마무리합니다. 100ml가 되면 바로 끊어줍니다.

8) 이중 융드립

- 준비물 : 융드리퍼 2개
- 원　두 : 강배전 원두(홀빈) 20g, 강배전 원두(분쇄) 18g
- 물온도 : 88~90℃

퍼포먼스가 가미된 방법이어서 주변의 볼거리가 되고 주목을 끌기 좋은 드립법입니다. 홀빈을 쓴다는 점이 신기하면서도 의아스럽지만, 드립을 마친 후 홀빈을 먹어보면 매우 밋밋한 맛이 납니다. 홀빈 상태에서도 커피의 성분이 거의 추출되었다는 것인데, 그 원리에 대해서는 앞으로 좀 더 살펴볼 필요가 있습니다.

① 준비

위쪽 드리퍼에 분쇄한 커피원두 18g을 넣고, 아래쪽 드리퍼에는 홀빈 상태의 커피원두 20g을 넣습니다.

② 추출

균형을 잘 맞춰서 포갠 뒤 본인에게 맞는 드립법으로 드립합니다.

수제 융드리퍼 만들기

- 준비물 : 한 면이 기모로 되어 있는 천 약간, 가위, 두꺼운 실, 초크, 마분지, 융대

  (기성용. 1~2인용. 3~4인용)

1) U형

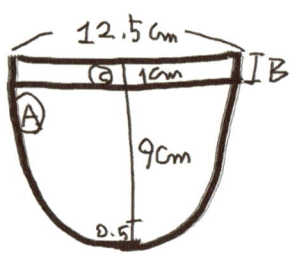

① 기모천을 바이어스 방향으로 재단하여 2장을 붙입니다.

② 0.5cm 간격으로 바깥으로 재단하여 모양선을 따라 박음질하되 B 부분의 1cm는 남깁니다.

③ 뒤집어서 또다시 시침질하되 B부분은 남깁니다.

④ C 부분을 1cm 간격을 두고 좁게 시침질합니다.

⑤ B 부분으로 융대를 넣으면 완성. 완성된 높이는 7~7.5cm가 됩니다.

⑥ 3~4인용 U형은 가로 18cm, 세로 11.5cm 크기로 만듭니다.

2) V형

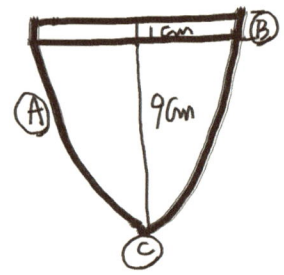

① 이 모양을 3개를 만듭니다.

② 기모 안쪽 방향으로 2장을 같이 붙여서 A면을 박음질합니다. 붙일 때는 C 부분을 정확하게 붙입니다.

③ 마지막 한 장도 기모를 안쪽으로 하여 C 부분을 정확(뾰족)하게 붙이고 박음질합니다. 단, B 부분은 박음질을 하지 않습니다.

④ B 부분을 1cm로 시침질한 다음 융대를 넣으면 완성. 길이는 7~7.5cm가 됩니다.

⑤ 3~4인용은 길이가 세로 11.5~12cm, 가로 11~11.4cm로 만듭니다.

융드립

홍라파엘 신부

커피의 꽃이라 일컫는
그 맛과 향을 이루는데는
사람의 지극한 인내와 정성이
필요하다!

커피가 갖고 있는
오일의
그 부드러움과 고소함,
더 나아가 꿀처럼 달콤한 맛을
이루어야 한다!

매우 진한
고농축의 에스프레소 같은
색감을 갖지만,
그 맛과 향은
그와는 매우 다른
매력을 갖는다!

그야말로
반전의 맛과 향이다!

남천동성당 신부
충북 제천시 남천동 의병대로 18길 21-6

점드립

굵게 분쇄한 35g의 분쇄원두, 10~15분의 추출시간, 100ml의 추출량 등 3가지를 점드립의 황금비율이라고 말합니다. 이런 비율에 따라 차분하고 꼼꼼하게 점드립을 거듭하다 보면 어느새 경지에 들게 되고, 인내와 정성으로 연출하는 천상의 커피맛이 완성됩니다.

점드립의 기본 자세는 고노 점드립과 동일합니다.

- 원두량 : 미분을 제거한 강배전 원두 18~20g
- 물온도 : 80~85℃
- 추출량 : 50~60ml
- 추출시간 : 7~8분

① 준비

융드리퍼는 수건으로 짠 뒤 다시 한번 키친타올로 눌러 물기를 없애줍니다.

② 세팅

초강배전 원두를 굵게 분쇄하여 미분을 제거한 다음 융드리퍼에 넣고 평평하게 만듭니다. 원활한 물흐름과 교반을 위해 중심부에 작은 구덩이를 파줍니다.

③ 뜸들이기

첫째와 둘째 손가락은 융드리퍼를 잡고, 셋째 손가락은 융대를 잡습니다. 포트와 커피가루의 사이를 최대한 가까이(3cm) 위치시킨 다음 중심에서 한 방울 한 방울씩 물을 떨어뜨려 줍니다. 가루와 가루 사이에 물이 스며들게 한다는 느낌으로 천천히 진행하되, 융드리퍼를 시계방향으로 살살 돌리며 전체적으로 고르게 적셔주면 됩니다. 이때 융에는 직접 물이 닿지 않는 게 좋습니다.

④ **추출하기**

1분 40초~2분 전후로 첫 방울이 떨어집니다. (이 첫 방울은 커피의 농도와 직결되므로 흐리면 버려야 합니다.) 그 다음 나선형으로 점점하여 20ml 정도 되면 융대를 잡은 손을 물이 떨어지는 방향(상하좌우)에 따라 부드럽게 움직여가며 50ml를 추출합니다.

⑤ **마무리**

융이 만드는 풍부하고 부드러운 꿀 같은 커피가 완성되면 잔에 따른다.

※ 주의사항

① 중심에서 바깥쪽으로 드립하되, 2/3 지점부터는 나선으로 움직입니다.
② 속도가 일정하지 않아 물이 고이게 되면 신맛이 두드러지게 됩니다. 또 한 곳으로 치우치면 잡미의 원인이 됩니다.
③ 커피가루 전체가 팽창한다고 해서 전체에 점드립을 계속하면 쓴맛이 나올 수 있습니다.
④ 점드립에서는 거품이 생기지 않습니다.
⑤ 드립필터 가장자리는 자연흡수가 되도록 물의 이동을 융대를 움직여 돕는다.
⑥ 잔에 따를 때에는 반드시 드립 후 스푼으로 잘 저어서 따라야 합니다.
⑦ 점드립 커피는 데워서 즐겨도 좋고, 그냥 음미해도 좋습니다.

Chapter 4
커피와 먹거리

커피와 어울리는 식사

커피로 각종 디저트 만들기

더치커피(콜드브루) 만들기

커피와 어울리는 식사

커피는 와인에 비해 마리아주를 중시하지는 않습니다. 하지만, 함께 먹는 음식이 무엇이냐에 따라 서로의 맛을 보완해주고 상승시키는 효과를 발휘하기도 합니다.

케이크, 토스트, 샐러드, 버터가 들어간 모든 빵은 커피와 잘 어울리는 음식입니다. 그런데 의외의 간식이나 음식과도 잘 어울린다는 얘기를 종종 듣게 됩니다. 치즈와 커피는 얼핏 잘 어울리지 않는 것처럼 보이지만, 약배전 커피를 주스와 같은 맛으로 추출하여 와인잔에 따른 다음 치즈와 함께 즐기면 매우 훌륭한 앙상블을 이룹니다.

커피는 향신료가 강한 카레, 오일파스타, 크림파스타, 참치김밥, 소세지김밥, 잡채, 빈대떡 등과도 잘 어울립니다. 식사 전이나 식사 중은 물론 식후에 마셔도 무방한 게 커피입니다. 다양한 식사와 잘 어울리기 때문에 와인 마리아주와 같은 차원으로 즐길 수도 있습니다.

커피의 배전도에 따라 어울리는 음식은 다음과 같습니다.

① 강배전과 잘 어울리는 간식 : 시나몬롤, 아이스크림, 밤만주, 양갱, 찹쌀떡, 팥빵

② 강배전과 잘 어울리는 음식 : 스테이크, 카레라이스, 프렌치 토스트, 오일,크림파스타

③ 중배전과 잘 어울리는 음식 : 치즈케이크, 크림팬케이크, 레몬케이크, 샌드위치, 메밀국수

④ 약배전과 잘 어울리는 음식 : 초콜릿, 치즈, 잡채, 빈대떡, 각종전류, 김밥

커피로 각종 디저트 만들기

커피는 디저트와 함께 즐기기 좋은 음료입니다. 동시에 커피를 이용해서 다양한 디저트를 직접 만들어볼 수도 있습니다. 그 중에서 가장 많이 애용되고 있는 커피 응용제품 몇가지를 소개합니다.

1) 커피젤리 만들기

+ 준비물

  젤리 : 찬물 2T, 젤라틴 1t, 시럽 : 물 500ml, 설탕 320g

  커피반죽 : 커피가루 30g (진한 원두커피 150~200ml)

+ 만들기

  ① 커피(융커피가 좋음)를 보통보다 진하게 내립니다.

  ② 물 2T에 젤라틴 1t를 잘 녹입니다.

  ③ 볼에 원두커피에 녹인 젤라틴을 넣고 잘 섞어 저어가며 부르르 끓입니다.

  ④ 거품은 걷어내고 용기에 부어 식힌 다음 냉장 보관하여 굳힙니다.

2) 커피시럽 만들기

✚ 준비물 : 설탕시럽 100ml, 커피 125ml

✚ 만들기 : 중불에 천천히 저으면서 20분 정도 끓입니다.

　　　　　녹차시럽도 같은 방법으로 만들면 됩니다.

> **시럽 만들기** _ 믹서에 물 500g과 설탕 320g 넣고 말갛게 될 때까지 갑니다.
> **담아내기** _ 예쁜 용기에 커피젤리와 설탕시럽과 생크림을 곁들여 낸다.

3) 커피술 만들기

✚ 준비물

　원두 250g (오래된 원두, 잘못 배전한 원두 사용)

　술 20도 (소주, 양주 기타), 1.8리터 페트병, 설탕 100g

✚ 만들기

　① 1.8리터 페트병에 원두 250g을 넣습니다.

　② 20도 정도의 술 1리터를 ①에 붓습니다.

　③ 매일 아침과 저녁에 뚜껑을 열어 가스를 빼준 다음 뚜껑을 닫고 아래위로 흔들어 줍니다.

　④ 1주일간 가스빼기를 한 뒤 체에 걸러냅니다.

　⑤ 설탕 100g을 넣고 부르르 한번 끓여서 식힌 다음 냉장고에 보관합니다.

커피술의 유효기간은 1개월 정도 됩니다.
끓임방식으로 만드는 무알콜 음료이므로 연령제한이 없습니다.

4) 커피아이스크림 만들기

✚ 준비물

중·강배전 원두 10~15g, 커피시럽 10ml (설탕시럽 100ml, 진한 커피 125ml)

바닐라 아이스크림 1스쿱

✚ 만들기

① 설탕시럽 100ml에 커피 125ml를 섞어 천천히 저어가며 20분 정도 끓입니다.

  녹차시럽도 동일하게 만들면 됩니다.

② 강배전 원두 10~15g을 굵게 분쇄합니다.

③ 바닐라 아이스크림 1스쿱을 담고 커피시럽을 적당히 끼얹어줍니다.

④ 굵게 간 원두를 뿌려 완성합니다.

고소한 원두가 콘칩처럼 씹히는 일품 디저트가 됩니다.

더치커피(콜드브루) 만들기

더치커피는 찬물을 이용하여 장시간에 걸쳐 우려낸 커피입니다. 더치는 일본인들이 네덜란드풍(Dutch) 커피라는 뜻으로 붙인 용어로, 영어로는 콜드브루(Cold Brew)라고 합니다. 더치커피는 전용 기구에 분쇄한 원두를 넣고 찬물을 한 방울씩 떨어뜨림으로써 장시간 우려내는 커피입니다. 짧게는 3~4시간, 길게는 8~12시간이나 걸리고, 와인과 같이 매우 독특하고도 산뜻한 맛이 나기 때문에 '커피의 눈물'이라 부르기도 합니다.

✚ 준비물

플라스틱 원통(지름 8.4cm, 길이 14cm)이나 비슷한 크기의 페트병

강배전 원두 30g, 드립세트(고노나 하리오 같은 원추형 4인용 드립세트 추천)

90℃의 뜨거운 물, 원통에 가득 채워질 만큼의 얼음

✚ 만들기

① 하리오 드리퍼에 페이퍼를 세팅하고 서버 위에 올립니다.

② 원두 30g을 중간 굵기로 갈아 미분체로 거른 다음 평평하게 담습니다.

③ 90℃의 물을 고르게 부어준 다음 3분간 뜸을 들입니다.

④ 조각얼음이 서로 붙지 않도록 냉수로 씻어줍니다.

⑤ 뜸 들인 하리오 드리퍼 위에 원통을 세우고 얼음을 빈틈없이 가득 채웁니다.

⑥ 얼음물이 한 방울씩 떨어지면서 3시간 가량 지나 200ml가 만들어지면 분리합니다.

⑦ 미리 끓여서 식힌 100ml의 물로 희석하여 300ml를 만든 다음 냉장 보관합니다.

기호에 따라 아이스커피나 핫커피로 만들어 즐길 수 있습니다.

부록

My Coffee를 위하여

질문과 답변

추천카페(한국편)

추천카페(일본편)

조이아카데미 이야기(제자들의 편지)

추천사

질문과 답변

아버지로부터 핸드드립을 가르쳐도 좋다고 허락받은 것은 불과 15여년 전입니다. 처음 시작할 때는 기쁨보다는 두려운 마음이 컸습니다. 그때 다짐했던 것은 다음 다섯 가지입니다.

첫째, 절대 아버지께 누가 되지는 말자.

지금도 그 생각은 변함없이 유지하고 있지만, 잘 하고 있는지에 대해서는 의문이고 화두입니다.

둘째, 아버지께서 가르쳐주신 기본과 중심을 지키면서 변화를 반영하자.

원두의 질, 드리퍼 종류와 품질, 드립 방법 등 커피의 여건은 지금 이 순간에도 빠르게 발전하고 있습니다. 이런 변화를 받아들이지 못하면 구태가 됩니다.

셋째, 육하원칙에 입각해서 모든 것을 쏟자.

아버지와 함께 살며 배우고 익힌 노하우를 모두 쏟아부어야 새로운 것을 받아들일 수 있고, 스스로도 끊임없이 변하고 발전할 수 있다고 봅니다.

넷째, 봉사 정신을 바탕으로 제대로 된 커피교실을 열자.

사정이 어려운 사람에게는 보수를 따지지 않고 도와주고 싶다는 생각에서입니다. 커피를 통해서도 우리는 얼마든지 이웃사랑을 실천할 수 있습니다.

다섯째, 제자가 도움을 청하면 끝까지 도와주자.

커피는 단순한 지식이 아니라 보탬이고, 나눔이고 사랑이고 삶입니다. 도움을 청하는 것은 그만큼 절실하다는 것이고, 거기에는 '어디까지'란 경계선이 있을 수 없습니다.

이런 생각은 지금도 변함이 없습니다. 그동안 저와 함께 해 온 제자들과의 일문일답을 여기에 덧붙이는 것도 따지고 보면 이런 마음을 다지고 다잡기 위한 노력입니다. 커피를 좋아하고 배우고자 하는 분들에게 도움이 되었으면 합니다.

■ 김경숙 (사진작가)

Q 커피 배전도에 따라 드리퍼가 다르게 선택되는데, 드립 시 그려지는 거품원의 크기에는 어떤 차이가 있는지요? 각 드리퍼마다 특히 신경 써서 집중해야 할 점은 무엇인가요?

A 강배전 커피의 경우 거품원의 마지막 반경은 드리퍼 지름의 2/3를 넘지 않는 게 좋습니다. 그 이상 커지면 잡미의 원인이 됩니다. 고노의 경우 드리퍼 가장자리까지 물을 주면 잡미가 많이 나옵니다.

반면, 약배전에서는 드리퍼 지름의 2/3보다 조금 더 작게 가야 합니다. 드리퍼의 특성상 나머지 부분의 커피층이 얇기 때문입니다. 하리오 V60호는 다른 드리퍼보다 더 얇습니다.

■ 한진호 (성서대 교수)

Q 어바닉 그라인더를 쓰는데, 평소 약배전 9, 중강배전 7로 분쇄해 사하고 있습니다. 이슬커피의 경우에는 약배전 7, 중강배전 5 정도로 낮추는 게 적절할까요?

A 이슬커피는 뜸이 없는 드립법이라 분쇄도가 굵어지면 싱거워지고 너무 가늘면 잡미의 원인이 됩니다. 약배전에서는 보통 굵게 분쇄하지만, 이슬커피는 후지로얄 5의 분쇄도를 권장합니다. 그래야 떫은맛을 줄일 수 있고, 과소추출도 방지할 수 있기 때문입니다.

어바닉으로 본다면 중간보다 약간 가늘게 분쇄하면 되겠네요. 강배전은 같은 분쇄로 하되,

미분량을 조금더 제거해야 좋습니다.

Q 1차 드립의 경우 가는 물줄기로 중앙에 물을 붓다가 적당히 거품이 올라올 때 포트를 살짝 돌려주는 제자리돌리기를 해야 하는것으로 알고 있습니다. 칼리타, 고노, 하리오 드리퍼 등 드리퍼의 종류에 따라 제자리돌리기 방법에 차이가 있나요?

A 드리퍼 중심부에서 제자리돌리기를 하는 이유는 그 부분의 커피층이 유독 깊고 두껍기 때문입니다. 물을 충분히 주어야 속까지 교반이 잘 일어나고 추출도 원활해집니다. 따라서 배전도보다는 드리퍼의 형태에 따라 달라진다고 할 수 있습니다.

이슬드립에서는 원추형 드리퍼만 제자리돌리기를 합니다. 제자리돌리기는 커피의 중심부에서 천천히 바깥쪽으로 물을 확산시키며 커피의 숨은 맛까지 추출하기 위한 추출법입니다. 칼리타는 태형으로 아래부분에 물고임현상이 있기 때문에 안하는게 좋습니다. 원추형 드리퍼는 순서대로 물 흐름이 추출되므로 가능합니다. 고노는 80-100ml, 하리오는 90-110ml까지 해주면 됩니다.

■ 조이아카데미 11기

Q 드립을 하다보면 물줄기의 굵기와 속도에 신경을 곤두세우게 됩니다. 그 과정에서 계속 추출량이 정량보다 많아지는데, 그 이유는 무엇인가요? 어떻게 해야 바로잡을 수 있는지요?

A 저울과 서버의 단위가 다르고 물량도 다르기 때문입니다. 드립 초기에는 저울의 무게로 조절하지만, 뒤에는 서버의 눈금으로 가늠해야 합니다. 정량이 가까워지면 물주기를 멈추고,

다 차면 빠르게 서버를 분리해주면 됩니다.

Q 배전도에 따른 원두의 특성을 살려내고 그 맛을 일정하게 뽑는다는 게 어려운 것 같습니다. 이를 위해서는 특히 어떤 점에 주목해야 할까요?

A 배전도에 따라 적절하게 추출하기 위해서는 첫째 거기에 맞는 드리퍼를 선택할 것, 둘째 물의 온도를 잘 맞출 것, 셋째 드립 방법과 길에 유의할 것 등입니다. 자세한 내용은 이 책을 통해 알아볼 수 있습니다.

Q 핸드드립에서 블렌딩 원두보다 싱글오리진 원두를 주로 사용하고 선호하는 이유는 무엇인가요?

A 스페셜티에 대한 관심이 높아지고 재배와 생산이 활발해지면서 전체적으로 커피의 퀄리티가 높아졌기 때문입니다. 커피머신의 압력을 이용해서 추출하는 에스프레소와 달리 핸드드립은 커피가 지니고 있는 본래의 맛과 개성을 잘 구현할 수 있는 추출법입니다. 사람의 손과 마음이 작용하므로 섬세한 표현이 가능하죠. 자연스럽기도 하고요.

Q 커피는 가공 방식에 따라 맛의 차이가 큰 재료인 것 같습니다. 커피 체리를 그대로 말려서 가공한 내추럴과 과육을 벗겨내고 물로 씻어 말려서 가공한 워시드의 가장 큰 차이점은 무엇인지요? 두 가지 중 핸드드립에 더 적당한 원두는 어떤 것이고 그 이유는 무엇일까요?

A 자연건조 방식이라 다양하고 개성적인 풍미를 자랑하는 것이 내추럴이라면, 워시드는 깔끔한 균형미가 돋보인다고 할 수 있습니다. 생두의 상태를 보면 내추럴은 상태가 고르지 않은 많은 반면 워시드는 깔끔하고 풋풋한 느낌을 줍니다. 취향에 따라 다르겠지만, 개인적으로

는 내추럴 커피가 핸드드립으로 내리기 좋은 커피라고 생각합니다. 다양하고 개성적인 맛을 추구할 수 있기 때문입니다. 또 드립시 내추럴은 물을 충분히 드립하면 잡미를 거를수 있습니다.

Q 숙성커피가 궁금합니다. 오사카 마루후쿠에서는 18년 된 숙성커피를 맛볼 수 있다고 합니다. 숙성커피의 장단점은 무엇인지요? 드립커피의 장점을 잘 살려서 추출한 맛있는 커피를 오래 보관할 수 있는 방법이 있을까요?

A 숙성커피는 말 그대로 에이징(Aging) 커피를 말합니다. 생두나 원두를 숙성시켜서 더욱 부드럽고 깊은 향과 토속적인 맛을 추구한다는 것인데, 그 과정에서 발효가 일어나고 향미의 변화와 안정화가 이루어집니다. 호불호가 분명하고, 논란의 여지도 있습니다. 방식이나 기간에 따라 차이가 많긴 하지만, 최근 발효커피 바람이 불면서 숙성커피에 대한 관심도 점차 높아지는 것 같습니다. 자세한 추출 방법이나 맛에 대해서는 앞으로 더 많은 연구와 경험이 따라야 할 것으로 보입니다.

커피는 산화가 빠르고 산폐 가능성도 높은 향미 식품입니다. 추출 후에는 오래 보관하기가 어렵습니다. 일반적으로 2-3일은 냉장보관으로도 향미가 어느 정도 유지됩니다. 장기간 보존하려면 커피술을 담그면 됩니다.

Q AI가 발달하면서 무인카페가 등장하고 있습니다. 로봇이 에스프레소를 뽑거나 핸드드립을 해주기도 합니다. 이렇게 빠르게 변화하는 환경 속에서 핸드드립은 어떻게 존재해야 할까요? 시장성은 유지될 수 있을까요?

🅐 핸드드립의 종주국에서는 편의점 커피가 호텔 커피보다 맛이 더 좋다는 말이 나오기도 합니다. 그만큼 대중적인 커피의 품질이 좋아지고 있다는 얘기일 것입니다. 무인카페나 로봇 바리스타에 대한 이야기도 많이 들립니다. 하지만 그게 전부일 수는 없습니다.

편의점이나 무인카페와 경쟁함으로써 핸드드립 원두의 퀄리티가 좋아지게 되고, 더 많은 사람들이 핸드드립으로 자신만의 커피를 만들어서 즐기게 될 수도 있습니다. 무엇보다 기계나 로봇에게는 인정이 없습니다. 커피는 그 자체가 목적이라기보다는 대화의 윤활유이자 소통이자 사랑의 창구입니다.

🆀 홈카페가 대중화되면서 핸드드립 기법도 점점 다양해지는 것 같습니다. 돌아가신 박상홍 선생님께서도 말씀하셨다는 'My Coffee'와 홈카페의 다양성은 어떻게 다른 것일까요? 나만의 커피를 만들기 위해서는 무엇을 어떻게 해야 하나요?

🅐 요즘 우리나라의 홈카페 문화는 하루가 다르게 발전하는 느낌입니다. 가정에 하이앤드 커피 머신을 갖추고 에스프레소를 즐기는 사람도 많고, 핸드드립으로 나만의 커피를 만드는 마니아도 많아졌습니다. 핵심은 기본에 있을 것입니다. 커피의 기본을 공부하고 중심을 잘 잡은 상태에서 나만의 커피를 추구해야 진정한 My Coffee로 나아갈 수 있습니다. 무작정 남을 따라 하거나 멋과 흥에 취해 마음대로 하는 커피는 마이커피라기보다 마이웨이일 뿐입니다. 조급해할 필요는 없습니다. 기본기를 충실하게 익히되, 하루도 거르지 말고 새로운 소식에 귀를 기울이며 열심히 커피를 공부하고 커피와 대화하며 탐닉하다 보면 어느 순간부터 문득 마이커피의 경지에 들게 될 것입니다.

맛있는 커피는 물론 맛없는 커피도 많이 마셔보고 겪어보는 게 상책입니다. 커피맛의 좋고 나쁨도 결국은 나의 몫이자 책임이기 때문입니다.

Q 이슬커피는 잡미가 없는 깨끗하고 청량한 맛, 모든 사람이 좋아하는 맛을 추구한다고 알고 있습니다. 이슬커피 개념을 만들고 이론적으로 정립하는 과정에 많은 어려움이 있었을 것 같습니다.

A 실패는 성공의 어머니라고 했습니다. 사람은 본능적으로 실망하고 좌절했을 때 새로운 희망과 비전을 찾아내는 영장류 입니다. 위기를 기회로 만들 줄 아는 사람이 성공합니다. 아버지를 따라 다니고, 어깨너머로 따라서 하고, 직간접으로 배우면서 무수히 많은 절망을 경험했습니다.

아버지는 자상하고 다감한 분은 아니셨습니다. 꼼꼼하게 가르쳐주는 법은 더욱 없었습니다. 남몰래 혼자서 고민하며 연습하다 절망한 나머지 한때는 포기하기도 했습니다. 지금 생각해 보면 그런 실패와 좌절이 좋은 약이 된 것 같습니다. 아버지는 돌아가셨지만, 커피를 하는 동안만큼은 늘 제 곁에서 지켜보고 계십니다.

Q 이슬커피라는 이름은 어떻게 짓게 되었나요?

A My Coffee에 대해 얘기하는 과정에서 조이아카데미 2기생들과 함께 다양한 실험을 하였는데, 한분이 "혀 끝에 맺히는 단맛이 너무 좋아요. 풀잎에 맺힌 아침이슬처럼 맑고 깨끗하게 다가오는 것 같아요"라며 감탄하는 겁니다. 그 말이 너무 그럴듯하게 들려서 이후 '이슬커피'라고 부르게 되었습니다.

Q 이슬커피에서는 원두 분쇄도를 후지로얄 5에 맞추라고 권장합니다. 이처럼 다른 경우보다 분쇄도를 가늘게 가져가는 이유는 무엇인가요? 굳이 후지로얄 그라인더를 기준으로 삼은 이유가 있나요?

A 마이커피를 만들고 공부하고 가르치는 과정에서 수많은 실험을 거쳤습니다. 그 결과 5번 분쇄도로 추출했을 때 가장 좋은 맛의 커피를 만들 수 있다는 결론에 다다르게 되었습니다. 후지로얄은 드립용 그라인더의 선구자입니다. 아버지 때부터 사용해왔기 때문에 분신처럼 익숙한 '도우미'라고 할 수 있습니다. 꼭 후지로얄을 고집할 필요는 없습니다. 그라인더는 크든 작든 분쇄도 조절이 가능하므로 이 기준에 따라 조절하기만 하면 됩니다.

Q 이슬커피에서는 처음부터 타이머를 터치하고 드립을 시작합니다. 본격적인 드립에 들어가기 전에 뜸들이기를 하는 것이 아니라 1차 드립 후에 10초 동안 기다림으로써 뜸들이기를 가름하는 것이 큰 차이점이라고 생각됩니다. 그 이유가 궁금합니다.

A 드립을 시작할 때 올라오는 가스를 최대한 잡아두기 위함입니다. 이 가스가 터져나오면서 커피가 품고 있는 좋은 향도 함께 배출되어버리기 때문입니다. 사전 불림을 하지 않고 바로 1차 드립으로 들어가 천천히 부풀림으로써, 또 10-12초의 기다림을 통해 표면의 장력이 생기도록 함으로써 더욱 풍부한 향미를 추출할 수 있습니다.

■ **조이아카데미 12기**

Q 선생님에게 커피란?

A 삶의 열정입니다. 열정이 식으면 제 인생도 마감됩니다.

Q 인생 최고의 커피를 꼽아주신다면?

A 노르웨이 사람이 동경 시부야에 세운 카페 휴글렌(Fuglen)에서 케냐AA를 맛본 적이 있습니다. 순간적으로 눈이 번쩍 뜨이는 느낌이었습니다. 상큼한 오렌지 주스의 맛이 너무 강렬해서 오래도록 잊을 수가 없었습니다. 그 때 그 맛이 약배전 케냐AA의 기준이 되었습니다.

Q 가장 좋아하시는 원두는 무엇인지요? 어떤 드리퍼로 추출하시나요?

A 향기와 맛이 변화무쌍한 에디오피아 내추럴을 좋아합니다. 요즈음에 추출은 주로 고노 MDK-21을 이용해서 하는데, 약배전 드립이 가능할 뿐만 아니라 다양하면서도 깊은 맛을 추구할 수도 있습니다.

Q 커피투어를 일본으로 많이 가셨는데, 다른 나라를 추천하신다면?

A 노르웨이를 추천합니다. 노르웨이는 세계 각지에서 생산되는 생두 중 최고의 생두만을 골라서 가져가는 나라라고 알려져 있습니다. 2020년 기준 1인당 연간 커피 소비량이 5.5kg으로, 네덜란드(8.3kg), 핀란드(7.8kg), 스웨덴(7.6kg) 다음으로 많습니다. 5위는 캐나다(5.5kg)이고, 우리나라는 1.8kg입니다. 개인적으로도 노르웨이는 가고픈 곳입니다.

Q 커피 교육을 위해 꼭 필요하다고 생각하시는 콘텐츠가 있나요?

A 많은 사람들이 스페셜티를 선호하고 있습니다. 이런 트렌드에 맞추어 비교적 쉽고 간편하게

맛있는 커피를 추구할 수 있는 이슬커피 드립법을 널리 알리고자 합니다. 오프라인 교육은 물론 온라인을 통해서도 다양한 콘텐츠를 공유할 생각입니다. 〈커피에센스〉 발간도 이런 노력의 일환이자 집대성입니다. 이슬커피 드립법을 통해서 더욱 많은 사람들에게 맛있는 스페셜티를 즐길 수 있게 하고 싶습니다.

Q 가장 사랑하는 커피도구는 어떤 것인가요?

A 취미가 커피잔 컬렉션입니다. 세계적으로 유명한 고급 커피잔, 추억과 사연이 얽혀 있는 커피잔을 다양하게 모으고 있습니다.

Q 커피를 배우면서 선생님의 열정에 점점 더 깊이 빠져들게 되는 것 같습니다. 지치지 않는 에너지는 어디서부터 비롯된 것일까요?

A 포기하지 않고 최선을 다하자, 할 수 있는 데까지 해보자는 마음으로 살고 있습니다. 신념은 아버지로부터 물려받았고, 열정의 에너지는 커피를 통해서 충전합니다.

Q 커피를 배우는 사람들에게 하고 싶은 말씀은?

A 하루 한 잔이라도 꾸준히 핸드드립을 권하고 싶습니다. 테크닉은 꼭 필요하지만 삶 전체로 보면 그리 중요한 조건은 아닙니다. 맛있는 커피 한 잔을 위해서는 약간의 공들임이 필요하지만, 그 자체가 움직임이고 삶이고 즐거움입니다. 우리가 봉사하면, 커피는 우리에게 여유와 휴식이라는 큰 선물을 줍니다.

추천카페 (한국편)

좋은 제자가 있어야 좋은 스승도 될 수 있습니다. 저는 미성년자를 대상으로 커피 교육을 하지는 않습니다. 요즘 중고생들은 종종 커피보다 더 나쁜 음료를 마신다고 하지만, 그래도 카페인을 권할 수는 없다고 생각합니다. 카페인의 자극성은 여러 가지가 있겠지만 각성제 역할을 통해 깊은 수면을 방해하게 됩니다. 몸과 마음을 한창 키워나가야 하는 청소년기에는 득보다 실이 클 수도 있습니다.

그럼에도 불구하고 커피도 젊을 때 접하고 배우는 것이 훨씬 유리합니다. 고정관념에 사로잡혀 있지 않은 백지상태라 가르침을 받아들이는 속도가 빠르고 응용력 또한 뛰어나기 때문입니다. 홈스쿨링을 하는 여학생이 커피를 배우겠다고 찾아온 적이 있습니다. 달갑지는 않았지만, 막 성년에 접어든 젊은 영재 학생의 청을 거절하기가 어려워 가르치기로 했습니다.

그 학생의 능력은 놀라웠습니다. 해석 능력과 응용력이 뛰어났고, 배우는 태도나 자세도 훌륭했습니다. 무엇보다 매사에 솔선수범하고 부지런하기까지 했습니다. 그 친구의 조언이 이슬커피 특허 출원의 계기가 되기도 했습니다.

그 친구는 MZ세대답게 팔의 각도와 움직임을 디지털로 구현하고 싶다는 꿈을 품고 미국으로 유학을 갔습니다. 아리조나 대학에서 수학하며 틈틈이 커피 공부도 한다는 소식을 들을 때면 우리나라 커피의 미래가 훤하게 밝아오는 것 같아 참 고맙고 감사하다는 생각을 하게 됩니다.

지금까지 가르쳤던 제자들 중에는 커피숍을 잘 운영하고 있는 친구도 꽤 많이 있습니다. 그 중 생각나는 제자 몇 분과 카페 몇 곳을 소개합니다.

파나카F [배충호]
부산 동래구 금정마을로 54

파나카F(Panaca F)는 부산 동래에 있는 전원형 로스터리 카페입니다. 이 카페의 창업자 배충호 실장과의 인연은 파나마 게이샤 원두를 통해 시작되었습니다.
드립법을 제대로 배워 카페를 오픈하겠다며 찾아온 그는 하리오 마니아였습니다. 그래서 하리오만 배우고 싶다고 했습니다. 설명과 설득이 필요했습니다.
"칼리타, 웨이브, 고노, 하리오 등을 순서대로 해도 10회 수업이고 하리오만 해도 10회 수업이예요. 기초부터 하리오까지 단계적으로 배우면 다 잘 할 수 있지만, 하리오만 배우면 하리오도 100% 잘할 수 없어요."
배 실장은 잠시 머뭇거리더니 순서대로 다 배우겠다고 대답했습니다. 교육과정을 마친 그는 소망대로 부산 동래 금정마을에 큼지막한 전원형 로스터리 카페를 차렸습니다. 그리고 얼마 지나지 않아 파나마 게이샤 커피의 진수를 맛볼 수 있는 곳이라는 입소문을 타면서 부산의 명소로 떠올랐습니다.
"지나고 보니 선생님 말씀이 옳았어요. 핸드드립을 체계적으로 배우지 않았더라면, 파나마 게이샤 전문카페라는 콘셉트 자제가 무색힐 뻔했습니다. 고맙습니다."
이런 감사가 바로 커피교실을 이어나가는 동력원입니다. 이를 통해 가르치는 보람을 느끼고 스스로 행복하다고 여기는 것- 그것이 바로 커피의 진정한 가치이자 위력 아니겠습니까? 이런 가치를 실천하고 있는 파나카F를 소개합니다.

파나카F는 '파나마 카하(Panama Caja, 파나마의 상자라는 뜻의 스페인어)'의 줄임말에 Forest(숲)의 대문자를 합쳐 만들어졌습니다. 2015년부터 지금까지 매년 파나마 루이스 커피농장의 생두를 수입하여 로스팅에서부터 추출까지 커피의 모든 과정을 직접 관여해 왔습니다. 파나카F란 이름은 이런 관계를 상징합니다.

세계 많은 나라에서 커피가 생산되고 있지만, 파나카는 오직 파나마 커피만으로 카페를 운영하고 있습니다. 커피를 마실 수 있는 매장뿐만 아니라 3대의 로스터기로 각 생두의 특징에 맞게 로스팅을 하여 납품합니다. 매장에서 원두를 직접 구매할 수도 있고, 전문적인 핸드드립 교육, 로스팅 교육, 바리스타 교육 그리고 카페 컨설팅 등 커피에 관련된 모든 교육을 받을 수 있는 곳이기도 합니다.

파나카F만의 매장 특징은 다음 네 가지입니다.

첫째, 멋진 소나무 숲에서 맛있는 커피를 마실 수 있습니다. 숲에서 캠핑 의자에 앉아 쭉쭉 뻗은 소나무와 그 사이로 보이는 맑은 하늘을 보며, 또 노래하듯 지저귀는 수많은 새소리를 들으며 커피와 디저트를 먹는다면 스트레스를 잊고 제대로 힐링을 할 수 있습니다.

둘째, 파나마 커피 중 가장 유명한 파나마 게이샤를 365일 언제든 마실 수 있습니다. 세계에서 가장 좋은 품질을 자랑하는 파나마 게이샤를 파나카F만의 전문적인 핸드드립으로 추출해서 제공합니다. 그 다채로운 맛과 부드러운 목넘김, 깔끔하게 이어지는 뒷맛은 인생커피가 되기에 부족함이 없습니다. 진한 바디에 깊은 여운까지 느껴지는 게이샤 커피는 스페셜티 커피의 진수이자 삶의 행복 그 자체입니다.

넷째, 파나카F만의 시그니쳐 메뉴를 즐길 수 있습니다. 레드와인과 여러 가지 과일, 향신료를 넣어 직접 따뜻하게 끓여서 만드는 파나카 뱅쇼, 특별 제작한 나무 상자에 파나카 대표메뉴인 아메리카노, 플렛화이트, 아인슈패너, 커피젤리를 넣고 드라이아이스로 신비한 느낌의 연기를 연출하여 만든 파나마카하 메뉴 등 다른 곳에서는 맛볼 수 없는 독특한 시그니처가 감탄을 자아냅니다.

파나카는 커피 뿐만 아니라 손님들이 느낄 수 있는 오감을 모두 만족시키고, 마음에 각인시킬 수 있는 매장이 되기 위해 계속해서 노력할 것입니다. 또 좋은 생두를 얻기 위한 투자와 함께 생두의 특성에 맞는 로스팅 연구, 손님들의 니즈에 맞춘 추출 및 서비스를 위해 최선을 다하겠습니다.

카페 제라 [겸영헌]

대전의 끝자락에 있는 카페 제라 김영헌 대표는 아버지의 뒤를 이어 목회자의 길을 걷고 있는 목사님입니다. 부친이 운영하시던 교회가 카페가 되었습니다. 부인 되시는 분은 제라늄 원예 전문가입니다. 제자들 중에서도 가르침의 기본에 제일 충실한 분이자, 변함없이 열심히 공부하고 노력하시는 분입니다. 생각만 해도 흐뭇한 미소가 지어집니다.

박물관 카페 알라딘 [로미]
부산 기장군 일광읍 일광로 617 연락처 : 051-728-5695

이곳의 주인장 로미는 자란 환경부터 자연과 어우러져 순수하게 자라난 티가 나는 아름다운 아가씨입니다. 똑똑하고 착한 로미 씨는 이슬커피의 수제자입니다. 기본 드립법과 이슬커피의 장점을 확실하게 표현해주어 항상 뿌듯하게 해주고 감탄하게 만드는 장본인입니다.

알라딘에 대해 좀 더 자세하게 알아봤습니다. 부산 기장에 위치한 박물관 카페 알라딘은 20년째 직화 로스팅을 연구해온 로스터리

카페입니다. 현재 위치에 2012년 오픈한 이후로 11년동안 같은 자리에서 운영하고 있습니다.

알라딘은 항상 소량의 생두를 직화 로스팅해 소량으로 판매하고 있어 늘 10종류 이상의 커피를 맛볼 수 있는 곳입니다. 각각의 원두별로 특색에 맞는 프로파일링으로 최적의 맛을 낼 수 있도록 꾸준히 연구하고 있습니다. 그라인딩은 1880년대 생산된 수동 엔터프라이즈 그라인더로 하고 있습니다. 수동 그라인더는 그라인딩 시 발생하는 열이 적어 원두 본연의 향미를 그대로 담아낼 수 있고, 향미의 손실이 적어 손님들께 아로마가 가득 담긴 커피를 제공할 수 있습니다. 또한, 커피 원두별로 제일 좋은 향미를 낼 수 있는 드리퍼를 사용해 추출하고 있습니다.

카페는 한 가족이 운영합니다. 부부와 딸이 함께 운영해 가족 같은 분위기를 느낄 수 있고, 11년째 같은 곳에 있다 보니 오랜 단골손님들과도 친구나 친척처럼 가깝게 지내고 있습니다.

알라딘은 커피 맛 이외에도 볼거리가 참 많은 공간입니다. 내부에 근대사 사기 전시관을 운영하고 있는데요, 일제 강점기부터 1970년대까지 아시아 최대 도자기 생산공장이었던 영도 대한도기에서 생산되었던 사기 약 1만여 점을 전시하고 있습니다. 대한도기 관련으로는 국내 최대 수집 규모이다 보니 KNN 뉴스 및 인물포커스 특집으로 여러 번 방영되기도 했습니다. 특히 부산박물관, 이화여대박물관 및 국립민속박물관에서도 대한도기 특별전이 진행되었는데, 당시 전시의 대부분은 알라딘에서 대여한 물품들이었습니다. 대한도기 컬렉션 중에서도 특히 핸드페인팅 그림접시 컬렉션은 피란기 부산에 피난 왔던 김은호, 이중섭, 김환기, 장우성, 황염수 등 당대 유명 화가들이 대한도기에서 직접 그림을 그려 미학적으로, 역사적으로 귀한 것으로 인정받고 있습니다. 관련 박사학위 논문도 모두 알라딘에서 협찬해 완성되었다고 합니다.

연카페 [김영희]

조이아카데미 1기생으로 취미반으로 시작한 분입니다. 남편의 권유에 따라 처음에는 취미로 배우게 됐지만, 열심히 배우다 보니 필이 꽂혀 아예 창업에 나서게 되었습니다. 취미를 직업으로 승화시키면서 제2의 인생을 시작한 케이스라고 할 수 있습니다. 손재주가 좋아 퀼트에도 조예가 깊습니다. 카페는 공간 꾸미기가 중요한 만큼 퀼트와도 잘 어울립니다.
다음은 연카페 김영희 대표의 감동적인 글입니다.

당연히 인연緣이나 연꽃蓮인줄 알았습니다. 동네 이름 '연리'를 따라 연카페 이름 짓는다 하니 누군가 '煙氣연'이라 합니다 우리 카페 이름이 연기처럼 사라질 위기에 누군가 "예전에는 밥 때가 되면 동네 굴뚝마다 밥 짓는 연기가 나서 연리"라고...... 부유한 동네였다고...... 혼자 도깨비시장에서 핸드드립 기구 사다가 되는대로 내려 먹던 커피였습니다. 그러다 성당 신부님이 개설한 조이아카데미에서 박영희 선생님을 만난 후 수업을 하면서 커피의 신세계를 보게 되었습니다. 칼리타부터 고노, 하리오, 융커피까지 핸드드립의 진정한 맛을 알게 되었고, 그 후 선생님이 완성하신 이슬커피까지 배울 수 있었습니다. 커피에 대한 선생님의 열정과 정성은 끝이 없었습니다.
강화도에 작은 집을 짓기로 했습니다. 오랜 세월 취미로 하던 퀼트와 애써 배운 핸드드립 커피도 선보일 겸, 또 마당에 꽃나무도 가꾸며 원하던 삶을 살자고 낸 작은 카페입니다. 시내도 아니고 번화한 해변가도 아닌 강화도의 시골마을 구석에 자리를 잡고 그냥저냥 퀼트와 커피를 좋아하는 사람들 마음자리로 여기고 가다듬으며 여기까지 왔습니다.

안내 간판 하나 없어 찾기 어렵다고, 카페가 왜 길에서 돌아앉아 있냐고 가끔씩 원망을 듣기도 합니다. 하지만 업소 같지 않고 따뜻한 집 같은 분위기라며 따뜻하게 봐주는 길손들… 많지 않은 메뉴지만 커피가 정말 맛있다는 말을 들을 때면 그래도 스스로 행복해지곤 합니다.
강화도에는 정말 카페가 많습니다. 유명한 카페도 많습니다. 그래도 연카페만의 독특한 분위기가 좋아서 때때로 찾아주시는 단골들이 있어 감사할 따름입니다. 퀼트를 좋아하시는 분, 커피를 좋아하시는 분들 한분 한분과의 인연이 저에게는 정말 소중합니다.

추천카페 (일본편)

일본 유학생 [김용진]

제자들 모두가 개성이 강하고 특기가 대단하지만, 용진이는 특히 에너지가 넘치는 청년입니다. 용진이를 생각하만 저의 작은 힘이라도 보태고 싶은 마음이 샘솟습니다. 이슬커피 과정을 마친 그는 좀 더 견문을 넓히고자 핸드드립의 본고장인 일본 오사카로 유학을 갔습니다.

낯설고 물설은 타국에서 7전 8기의 정신으로 한걸음씩 꿈을 위해 나아가는 용진이의 모습은 감동 그 자체입니다. 항상 순수한 감성과 끊임없는 열정으로 준비하고 도전하고 연구하고 동분서주하는 용진이를 보며 제가 오히려 많이 배우고 힘을 얻습니다. 이런 친구들이 있는 한 우리는 외롭지 않습니다. 대한민국 커피의 미래도 그 어느 때보다 밝고 희망찹니다.

2023년 봄 현재 그는 오사카에서 자리를 잡고 카페 창업을 준비 중입니다. 이 책이 나올 때쯤이면 개업을 알리는 초대장을 받게 될지도 모릅니다.

21세기 들어 전체적으로 위축되는 모습이긴 해도 일본은 여전히 세계적으로 중요한 커피시장입니다. 특히 핸드드립이나 사이폰(siphon, Vacuum Pot) 등 추출과 관련된 기구와 그라인더, 로스팅 기계 등은 일본이 종구국이라고 해도 과언이 아닙니다. 그래서 80년대를 전후해 많은 분들이 일본에 직접 가서 커피를 배웠고, 오늘날 우리나라 커피문화의 밑거름 역할을 했습니다. 일본에는 한 자리에서 100년 넘게 대를 이어가며 운영하고 있는 유서 깊은 커피집들이 적지 않습니다. 또 나름의 노하우와 신념을 바탕으로 최신 트렌드를 빠르게 받아들이면서 세계 스페셜

티 시장에서 두각을 나타내는 신진 CEO들도 속속 등장하고 있습니다. 이들은 대개 카페를 근간으로 해서 안정적으로 브랜드를 만들고 장기적으로 사업영역을 넓혀 갑니다. 그 중 일본에서도 핫하다는 카페와 커피인들을 소개하면 다음과 같습니다.

윈디

윈디(windy) 카페의 이도우 선생은 항상 커피에 대해 끊임없이 연구하며 신기술 개발에 전념하시는 분입니다. 개인적으로는 2010년 전후부터 친분을 맺어온 커피지인이자 융커피의 신세계를 알려주신 선생님이기도 합니다. 처음 방문했을 때는 눈인사만 나눴고, 두 번째로 방문하면서는 인사말을 건넸습니다. 세 번째 방문했을 때에는 마음의 홍삼차를 준비했는데, 정중하면서도 단호하게 거절하셨습니다. 일본에서는 선물을 그냥 받는 법이 없다는 말과 함께…
그래도 그 이후 격이 없이 지내게 되었고, 방문할 때마다 커피에 대한 지식과 기술을 아낌없이 가르쳐 주셨습니다. 특이한 점은 싱글오리진보다 블렌드커피(Blend Coffee)를 중시한다는 사실이었습니다. 대화 가운데 종종 윈디블렌드(Windy Blend)를 강조하시는 것으로 봐서 블렌드 커

피가 이도우 선생의 자존심이라는 사실을 알 수 있었습니다.

거기에서 커피술 만드는 방법도 배웠고, 융5겹드립, 2겹드립, 찬물드립 등 신기술도 전수받았습니다. 융필터용 천을 나고야에서 직접 주문해서 보내주시기도 했습니다. 이런 인연으로 1년에 2-3회 일본 커피투어를 갈 때마다 윈디를 꼭 방문하곤 했습니다. 이도우 선생은 늘 따뜻한 미소로 우리를 맞이했고, 진심으로 대해주었습니다.

미카게 단케

고베시 미카게에 있는 카페로 50년 넘게 이어 온 버터커피가 유명한 명소입니다. 이탈리안 로스팅 수준의 강배전을 주로 하는데, 마지막 단계에서 일본 최고 품질을 자랑하는 홋카이도 산 버터를 살짝 입히는 것입니다. 그 결과 버터향이 풍기고, 오일리한 부드러움과 매끈함이 가미된 커피가 만들어집니다.

일본 황실 도자기로 사용되어 온 오쿠라만을 사용하는 곳으로 잘 알려져 있으며, 처음 방문하는 고객에게는 최고가의 커피잔에 커피를 담아주는 등 정성을 다함으로써 잊지 못할 감동을 선사하는 곳이기도 합니다. 방문할 때마다 기분이 좋아지고 편해지는 카페입니다.

뮌히(Munch)

오사카 근교의 다카야쓰에 있습니다. 첫 방문자에게 마스터가 직접 멋진 메뉴판과 함께 자신의 젊은 시절 사진을 선물로 주는 곳, 독일제 오토바이 가게를 지키고 있는 곳으로 유명합니다. 이 카페의 다나카 대표는 좋은 커피가 있다고 하면 어디든지 뮌히를 타고 달려가는 바이크 마니아입니다.

이곳은 융을 이용한 점드립 커피 전문점입니다. 데미타세 한 잔을 만들기 위해 150g의 콩을 사용하며, 혼신을 다해 한 방울씩 떨어뜨림으로써 진한 커피 엑기스를 추출합니다. 첫 방울은 20분으로 시작해서 50분에 한 잔을 완성시킵니다.

다나카 씨는 시인입니다. 그는 종종 "이 한 잔의 커피 엑기스는 마시는 시"라고 말합니다. 한 잔의 커피를 위하여 주문제작한 오크통에 원두를 넣어 영하 4℃에서 17-23년간 숙성시킵니다. 한 잔에 7만5,000엔, 한 스푼에 1,500엔, 황금스푼으로 1스푼는 2,500엔을 받습니다. 홍삼액기스 같은 농도의 진액커피로, 쓴맛은 거의 없고 눈이 번쩍 뜨일 정도로 강렬한 향기와 단맛을 느낄 수 있습니다.

히로야

오사카 사쿠라이 미노시에 있는 융드립 전문점입니다. 오직 융드립 커피만 취급하며, 요즈음 많이 연해지고 있다고는 해도 여전히 강배전 커피를 주로 합니다.

히로야의 히로 대표는 언제 만나도 편하고 기분이 좋아집니다. 성실과 겸손이 몸에 밴 분이자, 친절이 생활화된 커피인이기 때문입니다. 배전을 배우기 위해 한국의 제자를 데리고 갔을 때 부끄러워하면서도 열심히 가르쳐 주셨습니다. 그리고 참석자들의 반응과 평가를 물어보는 등 매사를 정확하고 꼼꼼하게 챙기는 분이기도 합니다. 설탕시럽 제대로 만드는 법도 배울 수 있었습니다.

커피슈가(흑설탕)과 황설탕, 백설탕을 1:1:1의 비율로 섞은 다음 물 500g과 3종류를 섞은 설탕 320g을 믹서기에 넣고 갈면 물과 같은 시럽이 됩니다.

푸岡커피(히라오카)

오사카시 중앙구에 있으며, 이탈리안으로 볶은 진한 커피를 추구합니다. 스모 선수들이 쓰는 천을 이용해서 강한 힘으로 한약 짜듯이 추출하는 커피로 유명합니다. 100년 가까운 역사를 자랑하는 곳으로, 지금도 단골손님들의 사랑을 꾸준히 받고 있는 동네 사랑방 겸 아지트이기도 합니다.

카페 주인이 곧 건물 소유주이며, 2대째 운영 중입니다. 얼마 전 바로 옆에 스타벅스가 생기면서 조금 한가한 시간을 보내고 있다고 합니다. 배전도 역시 풀시티 정도로 연해졌다는 소식입니다. 그래도 전통의 맛과 기품은 여전히 이 카페의 역사와 함께 빛나고 있습니다.

가스펠(Gospel)

교토 은각사 앞에 있는 유럽풍 카페로, 호화주택을 카페로 개조하여 운영하는 곳입니다. 1980년경 일본이 호경기를 누리던 시기에 세계적인 건축가에 의한 설계를 바탕으로 최고급 건축자재, 고가의 싱크 등을 총동원한 명품 건물로 잘 알려진 곳이기도 합니다.
이곳을 방문하는 사람은 일단 옛것을 잘 지키는 곳, 손님 대접에 최선을 다하는 곳이라는 인상을 받게 됩니다. 카페 자체가 고가의 영국 앤틱가구와 수천 장의 재즈 레코드 컬렉션을 감상할 수 있는 갤러리 역할을 합니다. 겨울에는 벽난로를 바라보며 정성껏 우려낸 홍차와 디저트를 즐길 수 있으며, 깊고 그윽한 블렌드 커피와 함박 스테이크의 앙상블도 만끽할 수 있습니다.

마루후쿠

오사카에 있는 마루후쿠는 돌아가신 아버지께서 다섯 살 때 손가락으로 커피를 찍어 맛보았다는 카페입니다. 1936년에 문을 열었으며, 핫케이크와 모닝세트가 유명한 곳입니다. 이곳의 이부키 사다오 대표는 서양 요리사 출신입니다. 양식을 즐긴 후 마지막 마무리 음료로 마시기 적합한 진한 커피를 제공하기 위해 커피를 시작했습니다.
차카이 세키(다도에서 차를 대접하기 전에 내놓는 간단한 다식)에 이어 나오는 진한 차와 이탈리아인들과의 교류를 통해 알게 된 에스프레소에 착안해 커피를 개발했습니다. 기계공학 책을 수입하여 독자적으로 로스팅 기계와 추출기를 고안했으며, 직접 개발해서 현재까지 사용되고 있는 드립법으로 내린 진한 커피는 에스프레소같은 독특한 맛을 냅니다.

지금도 블렌드나 로스팅의 기본은 변함없이 이어지고 있습니다. 로스팅 시에는 반드시 이부키 회장이나 사장이 입회하여 결과를 판별한다고 합니다. 단골손님이었던 한 가난한 화가지망생이 파리 유학을 가고 싶어한다는 이야기를 듣고 선뜻 여비를 지원하기도 했습니다. 그 보답으로 받은 야마다 코사이 화백의 100호 그림이 2층에 전시되어 있습니다.

로쿠요우샤

65년의 역사를 가진 카페로 교토 가와라마치 3조에 있습니다. 이 카페의 대표는 기타리스트입니다. 지하 1층은 아버지가, 1층은 아들이 운영하는 부자카페로 유명하며, 개점 이후 인테리어를 그대로 유지하고 있는 곳으로도 잘 알려져 있습니다. 이곳의 오사무 대표는 땀 흘려 일한 다음 하루의 끝에 마시는 맥주 한 잔과 노래 부르기가 최고의 낙이라고 말합니다. 또 "커피는 살기 위해서 하고, 일을 제대로 하기 위해 노래를 부른다"고 얘기합니다. "죽을 때까지 노래를 부르고, 커피도 계속하고 싶다"고 강조합니다. 관서지방에서는 칼리타 대가로 알려져 있습니다. 이곳을 방문한 사람은 이내 노래하는 바리스타가 칼리타로 내려주는 커피에 매료됩니다.

하도우

동경도 시무야구 시부야에 있는 융드립 전문점입니다. 30여 년의 역사를 지닌 곳으로 칼리타를 이용해서 내리는 진한 융드립 커피가 압권입니다. 여기에 테라시마 가즈아 대표의 화려하고 진지한 카페오레 묘기가 눈길을 끕니다. 그 고소하고 달달한 맛이 여심과 남심을 사로잡습니다. 드립으로 진하게 내린 커피와 데운 우유를 양손에 잡고 30cm 높이에서 따르는데, 단 한 방울도 튀지 않게 하는 매직이 눈앞에서 펼쳐집니다. 이런 멋진 퍼포먼스를 거쳐 나오는 카페오레는 마시기 좋은 따뜻함과 함께 입에 착 감기는 달달함과 고소함을 선사합니다.

이 외에도 뚜껑을 덮어 3분 정도 뜸을 들인 후 추출하는 마츠야식 드립법으로 유명한 마쯔야커피, 커피 한 잔을 마시기 위해 날아가더라도 항공료가 아깝지 않을 정도로 맛있다는 노르웨이 카페 휴글렌(Fuglen), 스페셜티 커피를 주로 취급하는 체인브랜드 사루타히코(Sarutahoko), 다이렉트 트레이드를 기반으로 최신 전자동 기계로 커피를 추출하는 마루야마, 10년 숙성시킨 올드빈과 약배전 융드립으로 유명한 람부르, 하리오 전문카페 히로커피(Hiro Coffee), 월드로스팅챔피언십(WCRC)에서 1등과 3등 수상한 타카도(Tokado), 100년이 넘은 역사와 뜨거운 오렌지쥬스로 유명한 스마트커피, 커피젤리가 맛있는 Wast 등도 빼놓을 수 없는 명소들입니다.

일본의 젊은 세대들이 선호하는 미래형 카페도 눈여겨 볼 필요가 있습니다. SCAJ 브루잉 심사위원으로 활동하고 있는 마사히로 씨의 MEL, 오사카 도심 속 힐링카페 글리치, 신선한 원두

보급을 위하여 전 세계에 DHL 배송을 하는 등 미국에서 더 유명한 KURASU 등이 그런 곳들입니다.

다음은 필자와 친분이 있는 카페 세 곳에 대한 인터뷰 내용입니다. 인터뷰는 설문 방식으로 진행됐으며, 답변 내용은 최대한 원문에 가깝게 번역해서 정리했습니다. 현재 카페를 운영하고 있는 분들은 물론 창업을 목표로 공부 중인 분들에게도 좋은 힌트가 되리라 봅니다.
질문항목은 다음과 같습니다.

① 코로나의 영향 정도
② 요즘 실태와 전망
③ 창업 동기와 신념
④ 차별화 전략
⑤ 시그니처 메뉴
⑥ 카페의 사회적 역할
⑦ 창업희망자들을 위한 조언
⑧ 지속가능한 카페의 요건

윈디카페

① 재택근무로 집에 있는 시간이 길어진 덕분에 원두 판매가 늘었습니다. 지방 손님이나 외국인 손님이 늘면서 매출도 오르고 있습니다.

② 카페가 많아지고 자가 로스팅 가게도 늘어나 경쟁이 심해졌습니다. 카페는 예전부터 다산다사(多産多死)의 영역입니다. 어디에나 있을 법한 가게가 계속 생깁니다. 개성을 갖추거나 다른 가게에 없는 상품을 만들지 않으면 금방 외면받게 됩니다.

③ 다른 가게에서 마신 커피가 너무 맛있어서 시작했습니다. 사람들과의 만남이 기쁩니다. 즐겁고 재미있게 일하고 있습니다. 좌우명은 '커피는 세상이다' 입니다. 중요한 건 사람이지 커피가 아닙니다. 커피는 매개체이고, 사람과 사람을 연결하는 수단입니다. 맛있는 커피를 통해 사람들이 행복해졌으면 좋겠습니다.

④ 상품의 수를 줄여야 합니다. 다른 가게에 없는 상품이나 분위기, 서비스를 갖춰야 한다고 봅니다.

⑤ 블렌드 커피에 주력하고 있습니다. 블렌드가 곧 시그니처입니다.

카페의 최고 덕목은 역시 맛입니다. 맛은 기본입니다. 제대로된 맛을 추구하기 위해서는 다른 것에 대해서도 끊임없이 공부하고 받아들이고 변화해야 합니다.

⑥ 카페는 사업인 동시에 봉사입니다. 둘 중 하나라고는 말할 수 없고, 양립해야 한다고 생각합니다. 휴식을 취하는 장소이자 좋은 의미의 살롱이고 아지트입니다. 이런 공간을 제공하고

서비스를 하는 댓가를 받는 것, 그래서 사업을 이어나가는 것 역시 카페의 기능이자 역할이라고 봅니다.

⑦ 무엇보다 열정과 노력과 사명감이 필요합니다. 이런 마인드가 전제되지 않으면 오래 할 수 없습니다. 카페 역시 투자가 필요한 사업입니다.

⑧ 맛, 서비스, 분위기라고 봅니다.

히로야(ひろや)

① 카페 쪽은 피해를 입었지만, 원격근무로 인해 집에서 커피를 마시는 사람들이 늘면서 원두 수요가 늘었습니다. 어렵게 극복해 왔습니다.

② 세계적으로 스페셜티 커피가 무브먼트가 되었습니다. 커피를 마시는 사람이 늘고, 로스팅 하는 가게도 늘었습니다. 하지만 문제는 무브먼트를 타는 것이 아니라 어떻게 자신의 개성을 드러내느냐에 달려 있는 것 같습니다. '다시 가고 싶다'고 생각하게 하는 가게가 되어야 한다고 봅니다.

③ 커피를 좋아한다는 것이 전부입니다. 카페 운영이 숙명인지는 지금도 잘 모릅니다. 커피 일을 시작한 이후 내 가게를 오픈하기까지 16년 정도 시간이 걸렸습니다. 처음부터 방향과 목표가 정해져 있었습니다. 유행에 휩쓸리지 않고, 자신을 믿고 계속해 왔습니다.

④ 커피는 소통입니다. 맛이나 분위기도 중요하지만 가장 중요한 덕목은 인품이라고 생각합니다.
⑤ 직화와 적외선에 의한 로스팅을 합니다. 깊게 볶은 커피만 넬드립으로 제공합니다. 진하면서도 그윽한 맛과 향이 특징이라고 할 수 있습니다.
⑥ 커피의 맛을 강조하는 가게, 분위기를 강조하는 가게, 입지 등의 편리성을 강조하는 가게 등 다양한 장사 방식이 있다고 생각합니다. 어느 가게나 사회적으로 중요하다고 생각합니다.
⑦ 카페 운영은 생각보다 힘든 일이 많습니다. 진심으로 '하고 싶다'고 생각하는 사람에게는 즐거운 일이겠지만 '해보고 싶다'고 생각하는 사람에게는 악몽이 될 수도 있습니다.
⑧ 진지하게 커피를 마주하는 가게, 맛도 가격도 서비스도 고객이 납득할 수 있는 가게 아닐까요?

히라오카커피점(平岡珈琲店)

① 2020년 매출은 2019년의 절반 이하였습니다. 정부의 보조금 100만엔, 오사카부 보조금 30만엔으로 유지했습니다. 자가건물이라 집세를 낼 필요는 없습니다. 직원들 인건비도 줄였습니다.
2021년 9월부터 조금씩 고객이 돌아와 코로나 이전 수준으로 회복되었습니다. 그 무렵 일본의 젊은 세대 사이에 '쇼와 레트로 붐'이 일어나 전통적인 찻집이 주목을 받게 되었습니다. 잡지나 TV에 많이 소개되면서 2022년 매출은 2019년보다 높아졌습니다.

② 일본은 '쇠락도상국'이라는 지적을 받고 있습니다. 인구 감소와 교육의 질 저하, 국민 전체의 성장 의욕 부족, 현상 유지를 중요시하는 기업 경영자들의 보수성, 연장자의 명령에 순종하는 걸 미덕으로 여기는 분위기, 스스로 생각하고 길을 여는 적극성 부족 등을 들 수 있습니다. 외국어 교육에 관심이 적고 국제성이 없다는 단점도 경제 발전을 방해하고 있습니다. 일본의 쇠퇴는 앞으로 30년 정도는 계속될 것입니다. 국내 경기가 회복되는 것은 먼 미래라고 생각합니다.

요식업도 예외가 아닙니다. 저출산 고령화로 인해 시장 규모가 점점 작아지고 있습니다. 치열한 경쟁은 이익 전망을 어렵게 합니다. 인건비와 집세가 비싼 것도 경영을 압박합니다. 노동력이 되는 젊은 세대가 계속 줄어드는 것도 고민입니다

이런 현상을 타개하는 전략 중 하나는 해외 진출입니다. 동남아시아와 인도는 높은 성장이 기대됩니다. 또 하나는 해외에서 온 여행자를 카페로 불러들이는 것입니다. 매장에서는 잔 커피 뿐만 아니라 원두나 디저트, 잡화 등의 상품 판매를 고려해야 합니다. 그러지 않으면 살아남을 수 없습니다. 요컨대 일본인만을 상대해서는 안된다는 것입니다.

기술 면에서는 접객이나 조리의 자동화가 필요합니다. 로봇 도입도 빼놓을 수 없습니다. 그러면서도 매뉴얼에 의지하지 않는 사람의 마음에 기댄 접객을 할 수 있는 인재를 길러야 합니다. 종업원 교육 연수시스템을 크게 바꿔야 합니다.

일본이 다시 세계 속에서 영향력을 높여갈 수 있는 때는 1945년에서 1950년에 태어난 베이비부머 세대가 완전히 퇴장한 후일 것입니다. 지금은 고령자가 늘고 젊은 세대가 줄고 있지

만, 2030년대부터는 고령자 인구도 급속히 감소합니다. 일본이라는 나라의 존속 위기가 현실이 되어야 국민도 정부도 진지하게 문제 해결에 나서게 될 것입니다. 그 결과가 나오기 시작하는 것은 2060년 이후가 되어야 할 것이라고 봅니다.

국력 쇠퇴로 엔화 환율은 하락할 것입니다. 2050년대 환율은 1달러에 400~500엔까지 떨어질 가능성도 있습니다. 그 결과 일본은 세계에서 가장 임금이 싼 개발도상국으로 전락할지도 모릅니다. 일본의 쇠퇴와 추락은 유감이지만, 거기에서부터 다시 시작하게 될 것이라고 믿습니다.

③ 카페는 가족사업입니다. 적성에 딱 맞는다고 생각하지는 않지만, 최선을 다하는 수밖에 없었습니다. 최대 과제는 히라오카를 계승하는 것입니다. 딸이 승계를 원하지만, 지금 경영 형태로는 계속하기 어렵습니다. 현재 이벤트 운영 회사와 계약하여 백화점이나 상가에서의 이벤트에 나서고 있습니다. 또 상품 개발이나 제조를 외부의 직원과 협력해 실시하고 있습니다. 새로 직원을 고용하여 공장을 신설하려면 큰 비용이 듭니다. 설비 투자한 금액을 회수하지 못할 위험도 있습니다. 다른 업종의 회사와 팀을 이루어 과잉 투자를 피하고 새로운 아이디어를 도입해야 하지 않을까 생각합니다.

④ 히라오카의 특징은 무엇보다 100년이 넘는 역사입니다. 100년 넘게 사랑을 받아왔다는 사실을 상품에도 점포에도 반영하도록 유의하고 있습니다. 하지만 오랜 역사가 구시대나 구태를 의미해서는 안된다고 봅니다. 항상 시대의 변화와 그 방향을 느끼고 바꿀 것은 바꾸는 대담함을 가져야 한다고 생각합니다.

전통이란 현상유지를 오래하는 것이 아니라 꾸준한 변화를 오래 지속해 온 결과입니다. 오래된 유물은 박물관에서 보관하고 전시할 수 있지만, 문화는 사람이 영위하는 것이기 때문에 일상생활 속에서 반복해 나가야 합니다. '이걸로 됐어'라고 생각했을 때 전통은 끊어집니다. 아버지로부터 사업을 계승했을 때 무엇보다 질 높은 원두커피 구입과 로스팅 기술 향상에 힘썼습니다. 오래 지속하는 것이 중요하지만, 높은 품질을 오래 유지하는 것도 매우 중요합니다.

박상홍 선생님은 아직 커피가 한국에 뿌리 내리기 전부터 더 나은 커피를 찾아 오셨습니다. 한국의 많은 커피인들에게 히라오카를 소개해 주신 분이기도 합니다. 그 은혜는 잊을 수 없습니다. 진심으로 감사드립니다.

⑤ 진하게 추출한 커피를 냉동실에 얼린 칵테일 쉐이커와 스테인리스 각얼음으로 식히는 '냉제커피'는 우리가 독자적으로 개발한 메뉴입니다. 얼음이 녹으면서 아이스커피가 싱거워지는 것을 방지함으로써 천천히 즐길 수 있는 아이스커피를 제공합니다. 고객들이 매우 좋아합니다.

⑥ 일본 사회에서는 카페가 하는 역할이 점점 작아지고 있습니다. 상담에는 음식점을 사용하지 않고 접대도 거의 없어졌습니다. 코워킹 스페이스의 보급으로 카페 한쪽에서 컴퓨터를 열고 작업하는 사람도 적습니다. 다만 젊은 세대 사이에서 레트로 카페가 재평가받고 있습니다. 그들은 시간과 효율을 중시하는 사회에서 벗어나 여유롭게 휴식을 취할 수 있는 힐링 장소를 갈구합니다. 많은 젊은 주인들이 문을 닫은 노포 찻집을 리뉴얼하거나 오래된 가게의 가구나 인테리어를 전용한 카페를 열고 있습니다.

개인의 이익만을 생각한다면 카페 경영은 추천할 수 없습니다. 재능과 열의와 노력이 필요한 일이지만, 금전적 이득은 극히 낮습니다. 현재 일본 아르바이트 노동자의 시간급은 1,030엔 정도지만, 카페 운영자의 수입을 일한 시간으로 나누면 시급 400엔 정도밖에 되지 않습니다. 평생 가난해도 상관없다, 카페에서 휴식을 취하는 시간이 너무 좋다면 시작하십시오. 1-2년만 카페를 해보고 싶다는 생각이라면 개업은 무리겠지요. 한 가게를 여러 주인이 공유하거나 일주일에 하루만 카페 점장이 되는 방법도 있지만, 문제는 소득이 보장되지 않는다는 점입니다. 이런 식으로 생계를 유지할 수 있는 확률은 제로에 가깝다고 생각합니다.

⑦ 먼저 왜 카페를 열고 싶은지, 어떤 가게를 만들고 싶은지 묻고 싶습니다. 카페 주인은 수면시간을 제외하고는 모두 일을 해야 합니다. 더구나 아슬아슬하게 생활할 수 있는 정도의 수입이 고작입니다. 카페를 열고 싶다는 확실한 신념이 없다면 3개월도 버티기 어렵습니다. 깨끗한 일이니까, 즐거울 것 같아서, 손님과 수다를 떨며 하루를 보내면 되니까, 편한 일이니까, 커피를 좋아해서, 세련된 장소에서 매일 일할 수 있기 때문에… 등등 표면만 보고 동경하는 사람이 많습니다. 그런 사람에게 카페는 어울리지 않습니다.

⑧ 무엇보다 강한 의지와 신념이 있어야 합니다. 로스팅과 조리에 필요한 센스와 기술도 가지고 있어야 합니다. 자기 소유의 건물이 있거나 싼 월세를 보장받을 수 있어야 합니다.

주소 : 541-0048 오사카시 주오구 기와마치 3-6-11
전화 : 090-6244-3708
홈페이지 : https://www.cafe-hiraoka.jp/
이메일 : cafehiraoka@gmail.com

조이아카데미 이야기 (제자들의 편지)

소녀와 모카, 그리고 열정
이로미 (박물관 카페 알라딘 매니저)

선생님께서는 아주 소녀 같으신 분입니다. 하늘하늘한 원피스에 늘 예쁘게 정돈된 머리스타일, 잘 웃으시는 눈가, 밝은 목소리. 선생님은 사람의 마음을 따스하게 하시는 에너지가 가득한 분이시죠. 겉보기엔 선생님의 별명처럼 '모카'(귀부인) 같은 느낌도 들어요. 하지만 따스하고 소녀 같으신 분이 커피에서만은 집요하고 또 반복적인 분이 됩니다. 섬세한 드립을 하시는 손, 물과 커피 원두의 흐름을 훤하게 읽으시는 눈, 그리고 커피의 추출 정도를 확인하시는 입까지. 저희 제자들이 갖고 싶어하는 조건 모두를 갖추셨다고 해도 과언이 아닙니다. 그럼에도 늘 연습에 힘쓰시고 새로운 것에 열린 마음으로 다가가시는 유연한 분이시죠.

사실 선생님께서 카페를 하셨다면 정말 많은 분들이 지금쯤 진짜 맛있는, 달콤한 이슬같은 커피맛이 무엇인지 알텐데 정말 아쉽다는 생각이 자주 듭니다. 이렇게 맛있는 커피를 저희만 마실 수 있다니 제자들만 누릴 수 있는 특권 같기도 하구요.

선생님 커피는 뭐가 다르냐 하면 모든 커피의 최상을 추출하신다는 점입니다. 그 커피가 가진 커핑 캐릭터 뿐만 아니라 밋밋한 커피에 크리미함을, 일반적으로 산미가 아쉬운 커피에 감칠맛 나는 풍부한 산미를 더해 추출하세요. 드립 방법으로 그렇게 큰 차이를 만들 수 있다는 것도 선생님 이전엔 전혀 겪어보지 못한 새로운 경험이었죠.

또 하나는 잡미가 없어요. 다크로스팅 커피나 오래된 커피도 선생님이 내리시면 치는 맛, 싫은 쓴맛이 안 나요. 특히 선생님 커피는 단맛이 강해서 다음날 마셔도 그 단 향이 살아 있답니다. 선생님 커피는 그래서 이슬커피라는 이름이 딱 어울리는 것 같습니다.

아무리 그 분야의 대가라도, 명성 높은 대가의 따님이시자 수제자라도 그 자리에 안주하지 않고 새로운 길을 개발하고 늘 새로운 정보를 얻으려 책을 가까이하기는 참 힘들텐데… 선생님께선 지금까지도 매일 드립 연습을 하시고 일본어 커피 책을 읽기 위해 개인 과외까지 하실 정도로 열정과 에너지를 쏟아붓고 계신다고 합니다. 아버지이신 대가 박상홍 선생님의 기본기에 더해 선생님만의 커피인 '이슬커피'가 탄생한 것도 아마 선생님의 이런 유연함, 집요함의 결과물이 아닐까요?

선생님의 커피에 나의 인생을 적시다

김현미 (커피마니아)

우리는 하루하루 반복되는 일상을 살아갑니다. 아주 가끔 고개를 들어 하늘을 쳐다보기도 하고, 예쁜 꽃들도 바라보며 사색을 하고 주변을 바라보기도 하지만, 대부분의 일상은 그날이 그날인 특별할 것도 없는 날이라고 반복되는 일상을 무심히 살아갑니다. 이러한 저에게 박영희 선생님께 가르침을 받은 모든 날 모든 시간은 또 다른 인생의 향연으로 다가왔습니다.

선생님께서는 따님들이 바이올린, 첼로 현악기를 전공하며 15년 동안 연주하는 모습을 지켜보시면서 온몸으로 혼신을 다해서 악기를 연주하는 모습이 잔상으로 오랫동안 남아 커피를 시작하시게 되었고, 커피와 마주하며 머리에서 발끝까지 온몸으로 정성을 다해야 하는 점에 매력을 느껴 핸드드립에 마음을 두었으며, 드립을 하며 최선의 혼을 담는 모습과 자세 안에서 모든 에너지를 온전히 담아낼 수 있었던 그 마음가짐으로 좋아하게 되었다고 하셨습니다. 저희를 가르치시는 모습에서도 처음 커피를 하셨던 그 마음이 그대로 전해집니다

선생님께서는 단아한 모습과는 달리 언제나 열정적으로 강의하십니다. 아버님이신 故 박상홍 큰 선생님께서 생전 체계적인 교육을 받지 못한 이들을 언제나 반기시며 커피에 대한 자신만의 모든 것을 내어 주신 분이자 소년처럼 순수하고 열정이 가득했던 분이셨듯이, 박영희 선생님께서도 물려받으신 재능을 기부하시며 가르침을 통해서 아낌없이 나누어 주시는 분입니다. 때론 커피에 관해선 완벽을 추구하시기에 한 치의 실수도 용납하시지 않는 카리스마 가득한 선생님이고, 수업 중에 신발까지 벗으시고 열중하시며 저희들에게 정성껏 커피를 내려 주시는 어머니입니다. 소녀처럼 순수하고 열정이 가득한 그 모습을 통해서 선생님의 진한 커피 사랑을 느낄 수 있었고 저 역시 커피와 선생님의 매력에 빠지게 되었습니다.

이 글을 쓰는 지금도 수업 중 칭찬해주시던 목소리, 야단치던 목소리, 웃음소리, 커피 내릴 때 방울방울 떨어지는 영롱하고 청아한 소리…가 생생합니다. 또한, 선생님께서는 자신의 재능과 현실에 안주하지 않으시고 항상 새로운 드립법이나 커피에 관한 서적이 나올 때마다 공부하시고 연구하십니다. 그리고 그 내용을 커피 새내기들에게 아낌없이 나눠주시는 참 스승이십니다.

세상 어디에서도 만날 수 없는 선생님께서는 저희에게 커피만 가르쳐 주시는게 아니라 좋은 사

람들과의 인연 고리를 만들어주시고, 어떻게 살아야 하는지 삶의 지혜도 가르쳐 주십니다. 또 내가 소중한 존재임을 깨닫게 해주시고, 불꽃처럼 활활 타오르는 열정적인 삶, 아낌없이 나누는 삶을 닮아가도록 인도하십니다.

선생님과 함께하는 시간 동안 끊임없이 배우고 성장했던 것은 커피뿐만이 아니라 삶의 한 부분이었습니다. 선생님을 만나서 커피를 배우고 인생을 배우는 저는 참으로 행복한 사람입니다. 많이 감사하고 사랑합니다.

가족과 함께하는 이슬커피

한진호 (커피마니아)

아빠가 커피를 내려준다고 하니 막내딸과 와이프가 와서 앉습니다. 오늘은 중약배전 예가체프 내추럴 원두로 이슬커피를 내립니다. 원두 30그램을 물온도 91도로 맞추고 300미리리터 추출. 원두 굵기는 평소보다 2눈금 낮추어 조금 가늘게 합니다. 부드러운 거품이 올라오는 것을 보고 잘 되고 있구나 생각이 듭니다.

이제 커피 맛이 어떤지 듣는 시간. 와이프는 먼저 고급스러운 신맛이 강하게 올라오고 신맛 안에 감춰진 쓴맛이 느껴지고 이후에 향이 오래도록 남는다고 말해줍니다. 막내딸은 처음에 쓴맛이 느껴지다가 차츰 신맛과 향이 쓴맛을 덮고 화려한 신맛 속에 단맛이 약간 느껴진다고 이야기합니다. 같은 커피인데 맛을 느끼는 것은 조금씩 다른가 봅니다. 이 정도면 상당한 칭찬이어서 오늘 이슬커피는 성공입니다.

"다음에 더 맛있는 커피 내려줄게." 아빠가 약속합니다. 이후 가족은 기분 좋은 대화를 이어갑니다. 이슬커피를 한 모금 입에 물고 넘길 때 혀끝에 감기는 부드러움을 좋아합니다. 예가체프 원두로 내려 마실 경우 신맛에 어우러지는 향과 그 뒤에 따라오는 단맛의 여운이 입안을 감도는 부드러움과 잘 어우러집니다. 텁텁함 하나 없이 맑게 느껴지기까지 하면 더욱 성공한 이슬커피가 됩니다.

이슬커피는 그동안 해왔던 추출방식과는 많이 다릅니다. 원두 굵기도 좀 더 가늘어지고 뜸들이기도 없습니다. 얼핏 편하고 단순한 것 같은데, 이슬커피 추출방식을 알게 된 후로 점점 이슬커피를 내리는 횟수가 증가하고 있습니다. 단맛을 좋아하는 내가 이슬커피에서 그 맛을 발견했기 때문입니다.

어느 드리퍼를 사용해도 된다는 점도 매력적입니다. 박영희 선생님이 손수 내려주신 맑고 화려한 이슬커피를 기억합니다. 그리고 매번 이슬커피를 시도할 때마다 그 기억에 가깝게 가보려고 노력합니다.

이슬커피

김영헌 (카페 제라 대표)

현재 저는 모든 핸드드립 커피는 이슬커피 방식으로 추출합니다. 박영희 선생님께 배운 뒤로 손님들에게 드립 커피로 인정을 받고 있습니다. 나아가 배운 것들을 되새기며 커피교실도 운영하고 있습니다.

이슬커피의 장점은 다음 5가지입니다.

첫째, 빠른 드립법입니다.

이슬커피는 핸드드립을 하는 매장에서 쉽게 활용할 수 있는 드립법입니다. 커피를 내리는 시간이 일반 핸드드립에 비해 많이 짧기 때문에 같은 시간에 더 많은 커피를 내릴 수 있습니다.

둘째, 쉬운 드립법입니다.

이슬커피는 쉽게 내릴 수 있습니다. 박영희 선생님께 수강을 한 사람이라면 금방 손에 익힐 수 있어서 오히려 다른 일반 드립을 하지 못하게 되는 역효과가 있습니다.

셋째, 맑고 깨끗한 맛입니다.

기피외 맛은 지하면 오히려 그 진함으로 인해서 다채로움을 상실하게 되는데 이슬 커피는 진하지 않으면서 커피의 다채로운 맛을 살리기 때문에 손님들에게 호평을 받을 수 있습니다.

넷째, 스토리가 있는 맛입니다.

박영희 선생님은 하루 몇 시간씩 연구를 하여 이 드립법을 완성했습니다. 손님들에게 이 스토리를 알려드릴 수 있어서 어디에서나 아무에게나 맛볼 수 없음을 상기시킬 수 있습니다.

다섯째, 드리퍼 종류에 구애받지 않습니다.

칼리타, 웨이브, 고노, 하리오 등 모든 드리퍼에 적용시킬 수 있는 드립법입니다. 향미를 지키면서 드리퍼 나름대로의 특징을 살려서 추출할 수 있습니다.

저의 커피는 박영희 선생님을 만나기 전과 후로 구분할 수 있다고 해도 과언이 아닙니다. 이슬커피는 로스팅을 하는 사람이라면 꼭 배워야 하는 드립법입니다.

"선생님 이슬커피 같아요!"

주현자 (조이커피 2기생)

두 달에 한 번 커피 동호회 수업이 있던 어느 날, 박영희 선생님이 불쑥 처음 선보이는 커피가 있다고 말씀하셨습니다. 마치 짜잔~하고 선물 보따리를 푸는 소녀처럼, 설레는 표정으로 우리를 바라다 보며 자랑스럽게 서 계시던 모습이 눈에 선합니다.

선생님께서 커피를 내리시자 때마침 커다란 유리창으로 쏟아져 들어온 햇살이 물기를 머금고 부풀어 오르는 커피빵을 비추었습니다. 그 모습이 마치 햇살에 반짝이는 아침이슬 같아 보였습니다. 영롱한 향을 지닌 순수하고 맑고 깨끗한 맛!

"선생님 이슬커피 같아요!"

"추출시간이 짧아져서 카페 하시는 분들께 너무 좋을 것 같아요!"

"아침에 일어나자마자 내려서 마시면 감칠맛을 더 느낄 수 있을 것 같아요!"

"기본을 충실히 배우고 난 뒤 맨 나중에 이슬커피 추출법을 배워야 할 것 같아요!"

부족한 제자들이지만, 커피와 함께 하는 삶의 동반자이자 이웃으로 생각해주시는 마음을 알기에 모두가 즐겁게 커피를 접하고 배울 수 있었습니다. 선생님의 끊임없는 노력과 깊이 있는 공부에서 나온 이슬커피를 마시며 저희는 감탄하고 감격했습니다.

수업 때마다 저희의 기본을 다시 잡아주시고 커피 업계의 뉴스와 정보를 꼭 소개해주시는 선생님! 긴 수업에 지친 제자들이 자리를 찾아 앉아도 꼿꼿하게 선 채 처음부터 끝까지 최선을 다해 가르쳐주시는 선생님! 한 번이라도 더 실습을 해주기 위해 열정을 불태우시는 선생님!

그런 선생님으로 인해 우리는 커피 저편의 인생을 배우고 있는지도 모릅니다. 지칠 줄 모르는 열정으로 이 세상에 나온 영롱한 이슬커피를 접할 수 있었던 것 자체가 행운이고 행복입니다.

무지개맛 커피

김경숙 (사진작가)

몇 년 전, 우연한 계기로 처음 이슬커피를 접하던 날이 생각납니다. 그 때 느꼈던 신선한 충격과 감동스런 맛이 잊혀지지 않습니다. 그동안 커피와 차를 꽤 마셔보았다고 생각하는 사람 중한 사람이었습니다. 그런데 박영희 선생님의 커피를 접하며 전 신세계를 경험했습니다. 커피 맛도 놀라웠지만, 커피에 대한 선생님의 에티튜드와 열정에 감동했습니다.

박영희 선생님께서 커피를 대하시는 애티튜드는 처음부터 마지막까지 모든 과정 하나하나가 흐트러짐 없이 물 흐르듯 자연스레 진행되는 아름다운 포퍼먼스와 같았습니다. 그리고 커피를 받아든 후 듣게 된 박 선생님의 이야기들은 커피에 얼마나 많은 열정을 쏟고 계신지 느끼게 해주었습니다. 나이를 잊은 듯 활기차고 당당한 모습, 처음부터 끝까지 꼿꼿하게 이어나가는 열강, 그리고 외향적으로도 아름답고 품격 있는 아우라…

그건 아마도 커피에 대한 열정에서 비롯된 것이라는 생각을 하게 됩니다. 늘 긴장을 놓치 않으시고 본인을 개발하시고 공부하시는 모습을 통해서 우리는 커피를 배우고 인생을 배웁니다. 그렇게 오랜시간 수련하시고 공부하신 끝에 60대에 이르러서야 본인만의 마이커피를 찾으셨다는 말씀을 들으며 배움은 끝이 없다는 사실을 새삼 깨달았고, 잠시 게으르고 나태했던 나 자신을 뒤돌아보기도 했습니다.

박영희 선생님께 커피의 기본기를 배우고, 새롭게 고안하신 이슬커피 드립법을 익힐 때에는 참 많이 신기하고 놀라웠습니다. 사소한 차이로도 커피 맛이 확연히 달라진다는 사실을 알았고, 같은 원두라도 어떤 방식으로 내리느냐에 따라 뉘앙스가 달라진다는 사실도 깨달았습니다. 특히 이슬커피 드립법으로 내린 커피를 맛보았을 때에는 너무나 놀라워서 내 혀를 의심했습니다. 내리는 사람마다 모두 다른 맛이 나는 게 드립커피의 매력이라지만 이슬커피는 차원이 다른 맛을 선사합니다. 숙련도에 따라 차이는 나겠지만, 기본을 잘 익히고 충실하게 임하면 누구나 프로에 가까운 맛을 낼 수 있다는 사실도 놀라웠습니다.

어떤 종류의 드리퍼로도 할 수 있다는 사실, 배전도에 상관없이 모두 적용할 수 있다는 대목에서는 차라리 경이로웠습니다. 커피 본래의 맛을 잘 끌어낸다는 것은 일종의 아트워크이자 매직입니다. 상큼하고 부드러운 신맛, 입안을 감싸는 은은한 단맛, 길게 이어지는 여운은 커피의 절정을 보여주는 것 같았습니다. 그렇게 이슬커피는 내게로 다가왔고, 나의 별이 되었습니다.

박영희 선생님은 고 박상홍 선생님의 따님이자 제자입니다. 선생님은 부친이시자 스승이신 박상홍 선생님의 커피에 대해 "무지개맛"이라고 말씀하셨습니다. 그만큼 풍부한 향미를 고르게 느낄 수 있는 커피, 개성과 균형미가 넘치는 커피라는 것입니다.

박영희 선생님께서 부친의 커피에 대해 이렇게 느끼셨듯이 저도 박 선생님의 커피를 마실 때 느껴지는 감정이 있습니다. 그것은 마치 화원에서 여러 가지 꽃들의 향기로움을 접하는 듯했습니다. 다채로운 맛들이 입안에서 춤추듯 퍼지는 느낌이었습니다.

지금 이 순간도 박 선생님의 커피 한 잔이 생각납니다. 앞으로도 늘 커피 연구에 매진하시는 선생님의 열정을 바라보고 따라가고자 합니다.

식었을 때 더 맛있는 커피

김용진 (커피마니아)

우리 주변에는 커피마니아도 많습니다. 프랜차이즈 커피숍에서 오래 일하신 분, 커피에 대해 잘 몰라도 그냥 좋아서 하시는 분도 있습니다. 비록 전문가는 아니더라도 이들 모두는 커피를 소비하는 소비자들이기에 소중하고 귀한 이웃들입니다. 그래서 이들의 이야기가 더 중요합니다.

저는 카페를 운영하겠다는 꿈을 키워왔고, 지금도 그 꿈을 이루기 위해 일하고 있습니다. 그래서 유명 로스터나 바리스타, 커피 관련 전문가들의 입맛을 충족시키고 칭찬을 듣는 것보다는 카페에서 만나고 이야기 나누고 커피를 마시는 일반인들의 생각과 느낌에 주목하게 됩니다. 평범한 사람들로부터 "이전의 커피와는 다른 느낌인데?", "이거 좋은데!!"라는 칭찬을 듣는 게 무엇보다 중요하다고 생각합니다. 현재 일본에 거주하기 때문에 일본인들의 의견을 종종 듣게 됩니다.

모두들 첫마디는 "맛있다!"였습니다. 다음으로 "마시기 편하고 쉽다."였고, 마지막은 "한 잔 더 마셔보고 싶다."였습니다. 간단한 논리지만 맛있어서 한 잔 더 마시고 싶다는 것보다 좋은 칭찬이 어디 있겠습니까?

이슬드립으로 커피를 내려드리면 에스프레소나 아메리카노는 물론 드립커피도 힘들어서 라떼만 주로 드시는 분도 맛있다며 편하게 드셨습니다. 마시기 쉽고 편하다는 느낌은 어디서 온 걸까요? 저는 그 첫째가 미분 제거 효과라고 생각합니다. 이런 사실은 일반 드립(분쇄도가 굵은 커피로 30초 정도 뜸을 들이는 방식)과 이슬커피(박영희 선생님의 드립 방식)를 비교하면 바로 드러납니다. 많은 수의 사람들은 아니었지만, 커피업 종사자, 커피 애호가 등과 함께 꽤 진지하게 비교해 보았습니다. 결론은 이슬커피의 완승이었습니다.

그 중에서 바디감을 강조해주신 분이 계셨습니다. 일반 드립보다 다양한 산미와 단맛이 더 풍부해져서 약한 바디가 초콜릿처럼 두껍게(좋은 의미의 두꺼움) 느껴졌다고 했습니다. 에티오피아에서 케냐의 농익은 포도와 초콜릿을 느낄 수 있었다고 놀라워했습니다.

산미 역시 "굿!"이었지만, 한 가지 흥미로운 점이 있었습니다. 이슬커피 드립은 어느 정도 숙련된 기술을 가졌을 때 더욱 맛있게 내릴 수 있는 경지라고 생각합니다. 산미를 무척 좋아한다는 한 커피애호가의 평가에 의하면, 보통은 조금씩 식을수록 산미가 좋아지거나 진해지는데 이슬커피는 약간 식었을 때가 가장 맛있고, 그 다음은 커피잔에 막 따랐을 때라는 것이었습니다. 그는 많이 식었을 때는 산미가 너무 강해졌다고 덧붙였습니다.

그 이유는 무엇일까요? 전적으로 저의 주관적인 생각이지만, 다양한 산미 추출이 잘 되는 이슬커피의 장점 때문이 아닌가 합니다. 산미를 다양하게 뽑아내는 만큼 추출실력이 좋지 않다면 찌르는 듯한 신맛 역시 많아지기 때문이라는 것입니다. 이슬커피의 장점이 단점이 될 수도 있겠다는 생각이 들게 하는 부분입니다.

이분은 하리오로 다시 내려드렸더니 훨씬 부드럽다고 하셨습니다. 저는 항상 칼리타 웨이브로 추출합니다. 칼리타를 가장 좋아하고 잘 다룰 수 있기 때문입니다. 칼리타와 하리오는 각각 장단점을 가지고 있지만, 산미를 좋아하시는 분에게는 하리오! 밸런스를 추구한다면 칼리타!라고 봤습니다. 단점을 드립기술로 보완할 수 있지만. (보완 방법은 선생님께서 지적해 주셨습니다.)

저처럼 실력이 미숙하다면 드리퍼를 바꿔서 단점을 보완하는 것도 좋은 방법이라고 생각합니다. 단맛은 가장 어려운 영역이었습니다. 커피의 단맛을 제대로 느끼는 분은 많지 않을 거라 생각합니다. 하지만 좋은 원두와 성공적인 로스팅, 이슬커피와 같은 정성스러운 추출이 더해진다면 "아, 이게 단맛이구나!" 하고 느끼실 수 있을 겁니다. 이슬커피의 단맛은 꿀 같은 단맛보다는 과일의 자연스러운 단맛이라고 생각합니다.

마지막으로 핸드드립 커피의 매력을 사랑하는 사람으로서 이슬커피의 가장 돋보이는 장점은 다양한 산미 표현과 부드러운 단맛, 실키한 바디감이라고 생각합니다. 그리고 무엇보다 맛있는 커피를 추출하기 위해 국내외 여러 나라 커피를 직접 맛보시면서 공부하고, 커피를 가르치시면서도 끊임없이 해외의 커피 트렌드를 찾아다니시는 박영희 열정이라고 말씀드리고 싶습니다. 선생님은 배우는 사람보다 더 열심히 배우고 연습하시는 진짜 선생님입니다.

커피 내리는 기쁨

김미란 (커피마니아, 세례명 파라)

커피는 신비로움입니다.

어릴 때부터 알아왔던 커피는 단순했습니다. 뜨거운 물에 인스턴트커피와 프림, 설탕을 섞어 마시는 음료가 커피의 전부인 줄 알았던 시절이었습니다. 이후 자판기 커피가 한 시대를 풍미하였고, 달달하고 편리한 봉지 믹스 커피는 현재까지도 견고한 펜덤을 형성하며 커피 시장의 한자리를 굳건히 지키고 있습니다.

2000년 이후 우리나라도 커피머신/메이커를 이용해 원두에서 추출해서 마시는 커피가 어느덧 대세를 이룬지 꽤 오랜 시간이 지났습니다. 쉽게 내릴 수 있는 데다 깔끔하게 쓴맛을 내는 머신 커피가 우리의 취향을 바꿔 놓았고, 거리마다 골목마다 커피 전문점이 생겨났습니다. 테이크아웃 커피잔을 들고 다니는 풍경이 일상이 되었고, 김치보다 커피를 더 많이 마시는 나라, 세계 6위의 커피 소비국이 요즘 우리나라의 모습입니다.

6년 전 조이아카데미를 운영하고 지도하시는 박영희 선생님과의 만남은 그동안 나의 커피에 대한 생각을 바꾸어 놓았습니다. 깊은 커피의 세계로 이끌어주신 것입니다. 박 선생님으로부터 커피에 대한 기초지식부터 시작하여 핸드드립을 통해 원두에서 커피를 직접 추출하는 방법을 배우고 익히게 되었습니다.

커피의 맛을 결정하는 요소가 생두의 원산지, 로스팅 과정, 블렌딩 등인 것은 이해되지만, 내리는 사람에 따라, 물의 양과 온도에 따라, 물줄기의 굵기와 시간에 따라 변화하는 커피의 맛은 신기함을 넘어 신비로움 그 자체였습니다. 커피의 쓴맛만 느끼던 내가 바디감과 신맛을 느끼기 시작하고, 과일향 등 다양한 풍미와 마신 후에도 입안을 감도는 달콤한 여운을 느끼게 된 것입니다. 커피 관련 책도 보고, 커피 박물관에도 들러 오랜 역사에 걸쳐 세계인들의 취향을 사로잡은 커피에 대해 알아보았습니다 그럴수록 그 신비로운 맛과 매력에 빠져들게 됩니다.

커피는 나눔입니다.

핸드드립을 시작한 이후 주변 사람들과 내가 직접 내린 커피를 나누어 마시며 커피 맛에 대한 느낌을 주고받습니다. 필터(종이, 융)를 장착한 드립용 기구(깔데기)에 원두를 분쇄하여 미분을 제거한 커피가루 입자를 얹은 후 뜨거운 물로 뜸을 들이고 커피액을 내리는 과정을 함께 합니다. 인스턴트커피, 머신 커피에 익숙해진 이들에게 생소하고 다소 지루할 수도 있지만 직접 눈앞에서 추출한 커피 맛을 보고는 감탄해 마지않습니다.

대화의 격은 높아지고 진지해지며 이어지는 커피 맛에 대한 품평과 칭찬은 나를 격려하고 더욱 발전하게 합니다. 다음에는 더 맛있는 커피를 내려서 이웃들과 함께 나눌 생각을 합니다. 원두 구매에 지출되는 비용이 만만치 않지만 나눔의 기쁨도 그에 못지않게 쏠쏠합니다.

어느 신부님을 찾아뵐 기회가 있어 핸드드립으로 직접 내린 커피 한 병을 갖다 드렸습니다. 감사해 하시며 맛을 보시더니 '이런 맛을 낼 수가 있군요!' 라며 놀라워하셨습니다. 그 감탄사가 나를 더욱 분발하게 합니다.

커피는 축복입니다.

가톨릭 신자인 나는 기도하는 시간을 제외하고 하루 중 커피를 내리는 순간이 가장 몰입하는 시간이며 경건하고 순수한 시간입니다. 흐트러진 몸과 마음을 추스르고 다시 시작하는 순간입니다. 비슷한 풍토에서 자라고 수확하여 구운 커피 씨앗이라도 내리는 이의 정성스런 마음과 자세에 따라 각기 다른 향미를 발하는 커피처럼 우리 인생도 그러하리라 생각해 봅니다.

융드립

너를 만나기 위해
준비한 시간들:
결코 그
기다림의 시간들이
무색할 정도로
너는 나를 빨아들이는
무언가가 있다:

나의 몸과 마음이 하나되어
한방울
한방울
떨어지는 너를 느끼며
너와 하나되어
너를 만나는 시간

내 혀끝을
내 입안을
내 마음을
정돈시키는 묵직한 울림의 맛
이래서 너를 커피의
꽃이라고 하는가보다:

추천사

커피 한 잔 어때?
최현철 (가천대 건축학 교수)

제 방 한가운데 있는 테이블은 늘 너저분합니다. 언제든 커피를 내릴 수 있도록, 또 갓 내린 커피향이 늘 은은하게 퍼지도록 서버, 주전자, 드리퍼, 저울 등의 핸드드립 도구와 촉촉한 커피 가루를 담은 도자기를 올려놓고 있습니다.

저의 가장 중요한 일과는 학생들과 함께 커피 마시는 시간입니다. 커피가 땅기면 제 방에 와서 자연스럽게 커피를 주문하고, 오랜만에 온 친구는 원두를 사오기도 하고, 처음 오는 친구에게는 '커피 한 잔 어때?' 하면서 자연스럽게 이야기를 시작합니다.

저는 몰랐는데 제 방 앞을 지나갈 때는 늘 커피향이 난다고 합니다. 그리고, 가끔 향이 진할 때 '방금 커피를 내렸나 보네.' 하면서 지나간다고 하네요. 문이 유리가 아니라서, 지나가는 사람들

이 제가 드립하는 모습을 보지 못하는 것이 안타까울 따름입니다.

처음 박영희 선생님께 커피를 배우기 직전이 생각납니다. 카페를 준비하는 친구와 서울에서 마라톤을 마치고 일산 킨텍스에서 열리는 카페쇼를 찾았습니다. 부푼 기대를 안고 첫 시음을 시작한 순간, 너무나 신 맛에 오만상을 찌푸릴 수밖에 없었습니다. 워낙 신 것을 못 먹는 이유도 있었지만, 예상했던 맛과 너무 달랐기 때문이었죠.

아니, 그래도, 가장 자신 있는 맛을 시음하게 해야 브랜드 홍보도 되고, 원두도 팔리고 그런 거 아니겠습니까? 그런데 이렇게 마시지도 못할 만큼 자극적이고 신 커피로 시음을 하게 하다니 무슨 생각들이지 하는 의구심만 커졌습니다. 네 그렇습니다. 보통 일이천 원 남짓한 아메리카노를 마시던 제게는, 아아는 시원한 음료, 뜨아는 따뜻한 음료일 뿐이었지, 커피의 맛의 세계가 얼마나 넓고 깊은지 그때는 아무것도 몰랐습니다.

또 한 번의 충격은 얼마 지나지 않아 탄현 성당에서 처음 선생님께 커피를 배우던 그 날이었습니다. 이때의 충격은 제 방에 온 사람들은 모두가 한 번 이상은 생생한 간증으로 들어봤을 정도로 강렬했습니다.

열 명 정도의 첫 수강생들, 모두가 똑같이 새로 사 온 장비들을 꺼내 놓고, 열심히 설명을 들으면서 선생님의 첫 드립을 감상하고, 모두 똑같은 원두와 똑같은 장비로, 같은 온도와 무게와 시간을 철칙처럼 지키고, 방금 본 장면을 상상하면서 내린 첫 커피의 맛! 서로의 첫 작품을 골고루 시험해보던 그 순간!

어떤 커피는 너무 시고, 어떤 커피는 너무 쓰고, 어떤 커피는 맹물이고, 가끔은 부드러운 커피까지... 이렇게까지 다양한 스펙트럼의 맛이 날 수 있다는 게 실화입니까? 모두 다 똑같은데 내린 사람만 다르고, 이 사람들은 방금 본 것 그대로 따라한 것뿐인데? 저는 당연히 재료가 같으면 같은 맛이 나는 거라고 믿었습니다. 아니 그래야 하는 거 아닙니까?

네, 아닙니다! 지금도 저는 방금 내린 커피의 맛을 재현할 수 없습니다. 드넓은 커피의 세계에 제 맛과 향의 탄착군이 아주 작은 범위로 모이기는 했지만, 기분에 따라, 대화에 따라, 집중도에 따라, 매번 다른 맛을 경험하고 있습니다. 그래서 밤늦은 시간, 먼 걸음이더라도, 커피 도구들을 주섬주섬 싸들고, 선생님 앞에서 한 번이라도 더 내려 보고 싶은 마음으로 달려갔습니다. 바로, 제가 내리는 커피의 기준을 잡기 위해서...

물론 사람마다 맛의 기준은 다양할 수 있습니다. 제 방에 오는 사람들에게 어떤 커피를 좋아하는지 물어보고, 취향에 맞게, 또 반대되는 취향도 함께 내려줍니다. 제가 느낀 그 풍부함을 한 번 느껴보길 바라는 마음으로.

하지만 상대적인 맛과 향으로 비교하는 것이 아니라, 절대적인 기준으로 맛과 향을 조절할 수 있기를 바랍니다. 그래야 커피를 함께 마시는 사람의 성격, 기분, 대화, 분위기에 딱 어울리는 맞춤 커피가 내려지지 않겠습니까.

그래서 함께 하는 사람들의 동의를 구하고, 커피를 내리기 시작할 때부터 맛과 향에 대한 날 것의 소감을 들을 때까지, 유튜브 '최교수의 현드립'을 통해 느낌을 기록하고 공유하고 있습니다. 그렇게 제 커피의 맛은 저와 어울리는 사람들과 함께 조금씩 변하고 발전하고 있다고 믿습니다. 최근에는 선생님이 새로 개발하신 이슬커피를 내리고 있습니다. 큰 일 났습니다. 어느 정도 안정화되고 있던 제 커피 맛의 세계가 흔들리기 시작하고, 저기 엘 도라도에서 새로운 영역이 손짓하고 있습니다. 자꾸 끌리는 깊고 풍부한 맛과 향을 부정할 수 없어, 저는 다시 모험을 시작하려고 합니다. 새로운 기준을 세우기 위해서 말이죠. 여러분, 현드립과 함께 하시겠습니까?

추천사

커피의 기본을 지키는 것이 가치가 있다

안명호 (버즈커피 대표이사 / 커피로스터)

어느 추운 겨울 퇴근 무렵 내 로스팅 공장에서 박영희 선생을 처음 만났다. 대한항공 스튜어디스 출신에 조리사 자격증 소유자이고, 특히 우리나라 커피업계의 장인 1서3박 중 한 분이신 박상홍 선생님의 장녀라는 말에 놀랐다.

박 선생은 아버지로부터 20여 년간 철저한 도제식(徒弟式) 커피교육을 받았다. 산지가 어디인지 어떻게 로스팅 되었는지도 중요하지만, 커피를 어떻게 표현해내느냐가 더 중요하다. 특정한 토양이 구체적으로 특정한 맛을 낸다고 단정할 수는 없지만, 그것을 표현해내는 것은 사람에게 달려있어서 탐구력이 필요한데 선생의 탐구력은 자타가 인정한다.

지금도 하루 2시간씩 드립 연습을 하며 커피를 어떻게 표현해내느냐에 대한 연구는 계속되고 있다. 그냥 커피 한잔 마시면 된다는 평소 나의 생각이 박 선생을 만나고 사귐을 가지며 달라졌다. 드립의 모든 과정 역시 과학적으로 증명되어야 한다는 생각에 공감하며 커피의 새로운 맛의 세계를 경험하고 있다.

사실 로스터로서 로스팅 된 원두를 완벽하게 표현해내는 사람을 만난 것은 큰 행운이었다. 칼리타, 고노, 하리오, 융드립, 웨이브 드립 안에 과학적인 맛의 비밀이 숨어있음을 제대로 아는 사람이 얼마나 될까?

승어부(勝於父)는 아버지를 능가한다는 말로 그것이 곧 효도의 첫걸음"이라고 한다. 박 선생은

지금까지 Joy Academy를 통해 수많은 제자를 양성해 왔고, 이슬커피라는 특허를 출원하여 특허를 획득했다. 이제 이 커피 책이 출간되면 부지런히 아버지를 따라잡는 딸 수준을 넘어 아버지가 하늘나라에서 기뻐하실 효성을 다하는 자식의 삶을 살아가는 딸이 될 것 같다.

이 책은 커피의 기본을 지키는 것이 가치가 있다고 얘기한다. 자수성가나 무용담 같은 허세가 없기에 이 책을 통해 독자 역시 각자의 커피에 기본을 되돌아보는 계기가 되었으면 한다.

커피에센스
아버지 박상홍과 이슬커피

초판 1쇄 인쇄 : 2023년 5월 1일
초판 1쇄 발행 : 2023년 5월 3일

지은이 : 박영희

편집기획 : 지영구
편집 디자인 : 윤경숙

펴낸곳 : 서울꼬문
등록번호 : 22-2700호
등록일자 : 2005.3.17
서울 서초구 동산로 71 마숭빌딩 3층
Tel : 02-579-4725 / Fax : 02-579-4729
E-mail : coffeentea@naver.com
Home Page : www.coffeeandtea-magazine.com

값 : 20,000원
ISBN 979-11-85060-00-2

※ 잘못된 책은 바꿔드립니다.

이 책의 판권은 월간 커피앤티 발행사인 서울꼬문에 있습니다.
여기에 실린 모든 내용과 사진은 법에 의해 보장받고 있으므로
본사와의 상의 없이 무단으로 전재하거나 복제할 수 없습니다.